团 体 标 准

公路混凝土桥梁体外预应力加固技术指南

Technical Guideline for Strengthening Highway Concrete Bridges with External Prestressing Tendons

T/CHTS 10015—2019

主编单位：苏交科集团股份有限公司
发布单位：中国公路学会
实施日期：2019 年 10 月 09 日

人民交通出版社股份有限公司
China Communications Press Co.,Ltd.

图书在版编目(CIP)数据

公路混凝土桥梁体外预应力加固技术指南：T/CHTS 10015—2019 / 苏交科集团股份有限公司主编. — 北京：人民交通出版社股份有限公司，2019.10
　ISBN 978-7-114-15921-3

Ⅰ.①公… Ⅱ.①苏… Ⅲ.①公路桥—钢筋混凝土桥—体外预应力—加固—技术规范—中国 Ⅳ.①U448.143.17-65

中国版本图书馆CIP数据核字(2019)第235408号

标准类型：	团体标准
	Gonglu Hunningtu Qiaoliang Tiwai Yuyingli Jiagu Jishu Zhinan
标准名称：	公路混凝土桥梁体外预应力加固技术指南
标准编号：	T/CHTS 10015—2019
主编单位：	苏交科集团股份有限公司
责任编辑：	郭红蕊　韩亚楠
责任校对：	孙国靖　扈　婕
责任印制：	张　凯
出版发行：	人民交通出版社股份有限公司
地　　址：	(100011)北京市朝阳区安定门外外馆斜街3号
网　　址：	http://www.ccpress.com.cn
销售电话：	(010)59757973
总 经 销：	人民交通出版社股份有限公司发行部
经　　销：	各地新华书店
印　　刷：	北京市密东印刷有限公司
开　　本：	880×1230　1/16
印　　张：	4
字　　数：	110千
版　　次：	2019年10月　第1版
印　　次：	2019年10月　第1次印刷
书　　号：	ISBN 978-7-114-15921-3
定　　价：	280.00元

(有印刷、装订质量问题的图书由本公司负责调换)

中国公路学会文件

公学字〔2019〕101号

中国公路学会关于发布《公路混凝土桥梁体外预应力加固技术指南》的公告

现发布中国公路学会标准《公路混凝土桥梁体外预应力加固技术指南》(T/CHTS 10015—2019),自2019年10月9日起实施。

《公路混凝土桥梁体外预应力加固技术指南》(T/CHTS 10015—2019)的版权和解释权归中国公路学会所有,并委托主编单位苏交科集团股份有限公司负责日常解释和管理工作。

中国公路学会

2019年9月16日

T/CHTS 10015—2019

前　言

本指南是在系统总结国内体外预应力加固研究成果和工程经验的基础上编制。

本指南按照《中国公路学会标准编写规则》(T/CHTS 10001)编写。

本指南共分8章、3个附录，主要内容为：总则、术语与符号、基本规定、材料、加固设计、加固施工、质量检验与验收、养护及维修等。

指南实施过程中，请将发现的问题和意见、建议反馈至苏交科集团股份有限公司(地址：江苏省南京市江宁科学园诚信大道2200号；联系电话：025-86576666；电子邮箱：kolya@jsti.com)，供修订时参考。

本指南由苏交科集团股份有限公司、东南大学提出，受中国公路学会委托，由苏交科集团股份有限公司负责具体解释工作。

主编单位：苏交科集团股份有限公司

参编单位：东南大学、武汉二航路桥特种工程有限责任公司、柳州欧维姆机械股份有限公司

主要起草人：刘钊、张宇峰、贺志启、朱慈祥、赵靖钊、吴刚、李明、卓为顶、谢正元、张守军、吴俊明

主要审查人：李彦武、周海涛、秦大航、鲍卫刚、侯金龙、杨耀铨、钟建驰、刘元泉、赵君黎、雷俊卿

目 次

1 总则 1
2 术语与符号 2
　2.1 术语 2
　2.2 符号 2
3 基本规定 4
4 材料 7
　4.1 水泥及混凝土 7
　4.2 钢材及焊接材料 7
　4.3 预应力钢筋 7
　4.4 锚固件 7
　4.5 胶黏剂 8
　4.6 钢绞线体外预应力组件及材料 9
5 加固设计 12
　5.1 一般规定 12
　5.2 持久状况承载能力极限状态计算 13
　5.3 持久状况正常使用极限状态计算 23
　5.4 施工短暂状况的构件应力计算 27
　5.5 体外预应力钢筋的疲劳应力计算 27
　5.6 体外索布置原则 28
　5.7 转向构造 29
　5.8 锚固构造 31
6 加固施工 35
　6.1 一般规定 35
　6.2 施工准备 35
　6.3 施工测量 36
　6.4 转向块及锚固块施工 36
　6.5 体外预应力施工 36
　6.6 减振装置安装 38
　6.7 防腐及防锈处理 38
　6.8 施工监测 38
　6.9 施工安全 39
7 质量检验与验收 40
8 养护及维修 41
　8.1 检查与养护 41

8.2 防护套修复 … 41
8.3 换索 … 41
附录A 植筋计算及施工方法 … 43
附录B 锚栓计算及施工方法 … 48
附录C 施工验收记录文件 … 52
用词说明 … 56

公路混凝土桥梁体外预应力加固技术指南

1 总则

1.0.1 为规范公路混凝土桥梁体外预应力加固技术，保障加固工程质量与安全，制定本指南。

1.0.2 本指南适用于公路混凝土桥梁的体外预应力加固。

条文说明：本指南主要适用于公路混凝土梁桥的加固，涵盖的桥型包括钢筋混凝土及预应力混凝土简支梁桥、连续梁桥和连续刚构桥，桥梁的截面形式包括箱形、T形、I形和空心板等。

1.0.3 桥梁加固前，应进行检测与评定，确定其采用体外预应力加固的必要性和可行性。

条文说明：目前常用的桥梁加固方法主要包括：增大截面加固法、粘贴钢板加固法、粘贴纤维复合材料加固法、体外预应力加固法等。体外预应力加固法是一种主动加固方法，能有效提高桥梁的承载力、抗裂性和耐久性。需要依据现行《公路桥梁承载能力检测评定规程》(JTG/T J21)等标准对原桥进行检测与评定后，进行加固方法的比选，确定合适的加固方法或多种方法组合，慎重对待在损伤结构中采用体外预应力主动加固。对重要桥梁的加固，还建议通过必要的荷载试验对原桥状况进行评估，比如通过关键截面应力测试结果推算原桥实际有效预应力。荷载试验的方法可参照现行《公路桥梁荷载试验规程》(JTG/T J21-01)。

1.0.4 桥梁的体外预应力加固设计、施工、验收及养护，除应满足本指南有关规定外，尚应符合国家、行业现行相关标准、规范的规定。

2 术语与符号

2.1 术语

2.1.1 体外预应力加固　bridge strengthening with external prestressing

通过体外预应力钢筋(钢绞线、精轧螺纹钢筋或高强钢丝束等)主动施加预应力,以改善原桥结构受力状况的加固方法。

2.1.2 体外预应力钢筋　external prestressing tendon

布置在结构实体截面之外的预应力钢筋。

2.1.3 成品索　finished tendon

在工厂内生产、组拼完成的索体。

2.1.4 非成品索　semi-finished tendon

施工现场组装而成的索体。

2.1.5 集束式　integrated

钢束按自然叠置状态排列。

2.1.6 散束式　distributed

钢束通过分散装置按规定分布状态排列。

2.1.7 转向块　deviator

用于固定体外束并使预应力转向的混凝土或钢支承块。

2.1.8 应力扰动区　disturbed region

混凝土结构中截面应变分布不符合平截面假定的区域,也称 D 区。

2.1.9 拉压杆模型　strut and tie model

反映混凝土结构应力扰动区力流传递路径的桁架模型。

2.2 符号

2.2.1 材料性能有关符号

E_{c0}——原结构混凝土的弹性模量;

$E_{p,e}$——体外预应力钢筋的弹性模量;

f_{cd0}——原结构混凝土的轴心抗压强度设计值;

f_{ck0}——原结构混凝土的立方体抗压强度标准值;

f_{tk0}——原结构混凝土的轴心抗拉强度标准值;

$f_{pd,e}$——体外预应力钢筋的抗拉强度设计值;

$f_{pk,e}$——体外预应力钢筋的抗拉强度标准值。

2.2.2 作用和作用效应有关符号

$\sigma_{con,e}$——体外预应力钢筋的张拉控制应力;

$\sigma_{p,ei}$——传力锚固时体外预应力钢筋的应力;

$\sigma_{pe,e}$——使用阶段体外预应力钢筋扣除预应力损失后的有效应力;

$\Delta\sigma_{pe,e}$ ——活载作用下体外预应力钢筋的应力增量；

$\sigma_{pu,e}$ ——体外预应力钢筋的极限应力计算值；

$N_{p,con}$ ——体外预应力束的张拉控制力；

$V_{pb,i}$ ——与斜截面相交的体内弯起束的抗剪承载力设计值；

$V_{pb,e}$ ——与斜截面相交的体外弯起束的抗剪承载力设计值；

P_d ——预应力锚固力设计值；

$T_{b,d}$ ——锚下劈裂力设计值；

T_R ——径向力引起的拉力设计值；

$T_{tb,d}$ ——齿块锚后牵拉力设计值；

T_h ——横梁式锚固块底面的横向拉杆内力设计值；

T_v ——横梁式锚固块底面的纵向拉杆内力设计值。

2.2.3 几何参数有关符号

$A_{p,e}$ ——体外预应力钢束的截面面积；

$A_{pb,e}$ ——斜截面内在同一弯起平面的体外预应力弯起束的截面面积；

A_{vf} ——穿过接触面钢筋的截面面积；

β_e ——体外预应力束的平弯角；

e_m、e_s ——体外预应力钢筋水平段、梁端锚固点至换算截面形心的距离；

L_{pe} ——两锚具间体外索的总长；

θ_e ——体外预应力束的竖弯角。

2.2.4 计算系数及其他有关符号

α_{EP} ——体外预应力钢筋的弹性模量与混凝土弹性模量的比值；

μ ——体外预应力钢束与曲线管道的摩擦系数。

3 基本规定

3.0.1 体外预应力加固法可用于下列情况的桥梁加固：

1 恢复或提高结构或构件的承载能力。

2 改善结构或构件的抗裂性和耐久性等。

条文说明：根据原桥检测与评定情况，原桥加固可分为承载力加固、使用功能加固和耐久性加固等，体外预应力加固均可发挥作用。除可对桥梁进行纵向加固外，体外预应力加固还可应用于箱梁腹板的竖向加固（图3-1）和盖梁的横向加固（图3-2）等场合。

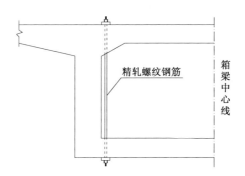

图 3-1 体外预应力加固箱梁腹板示意

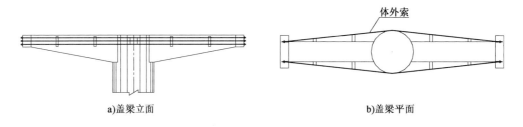

图 3-2 体外预应力加固盖梁示意

3.0.2 体外预应力加固法可单独使用，也可与其他加固方法联合使用。

条文说明：体外预应力加固的实质是通过施加体外预应力，以预应力产生的轴向压力、弯矩或剪力抵消部分外荷载产生的内力，从而达到恢复或提升原桥使用性能并提高其承载力的目的。相比于增大截面、粘钢、粘碳纤维等加固方法，体外预应力加固法的主要技术优势包括：

（1）在有效提高构件承载力的同时，还可提高截面的抗裂性，是一种主动加固方法。

（2）增设的体外预应力钢筋布置在混凝土截面之外，便于检测、重新张拉和更换。

（3）体外预应力加固施工对交通干扰小。

（4）可以做到不影响桥下净空，不增加桥面高程。

3.0.3 公路混凝土桥梁体外预应力加固应遵循以下基本原则：

1 应减少对原结构的损伤。

2 加固方案应具有可施工性。

3 应采取有效措施保障加固过程中结构或构件的强度和稳定性。

4 当被加固构件的实际混凝土强度等级低于C30时,不应采用体外预应力加固。

条文说明:体外预应力加固法有其适用范围和应用条件。在选用时,若无充分的论证依据,切勿随意扩大其使用范围,或忽视其应用条件,以免考虑不周而酿成安全质量事故。本条对于体外预应力加固适用条件(混凝土强度等级不低于C30)的规定,是针对被加固构件是盖梁的情形;对于混凝土主梁的体外预应力加固,一般要求其混凝土等级不低于C40,以满足现行《公路钢筋混凝土及预应力混凝土桥涵设计规范》(JTG 3362)中关于"预应力混凝土构件的混凝土强度等级不低于C40"的规定。

3.0.4 公路混凝土桥梁体外预应力加固可按如图3.0.4所示程序进行。

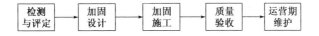

图 3.0.4 桥梁体外预应力加固的一般程序

条文说明:桥梁体外预应力加固包括原桥检测与评定、加固方案比选、加固设计、加固施工、验收和运营期维护等一般程序,其中关键技术主要包括:

(1) 体外预应力总体设计

在确定桥梁的加固性质和加固程度后,进行体外预应力加固体系的总体设计,包括体外束的用量和布置线形的设计。在选择体外束用量时,既要达到改善结构应力状态或提高结构承载力的既定目标,又要避免过度加固对结构造成的次生灾害。在确定体外束的布置线形时,应优先考虑利用原结构的横隔板作为体外束的转向或锚固装置。必要时需要新增锚固块或转向块时,应选择合适的纵桥向和截面布置位置,保证体外预应力的可靠传递,减小对原结构的不利影响,并兼顾体外预应力的作用效率。

(2) 体外预应力加固结构计算

体外束只通过转向块和锚固块与梁体接触,与梁体变形不协调,平截面假定不再适用。体外预应力结构在构造上的特点,决定了其在计算方面不同于传统体内预应力结构之处,主要包括:正常使用状态和承载力极限状态体外预应力钢筋应力增量的计算、体外预应力损失的计算、体外预应力钢筋的张拉控制应力以及使用阶段的应力限值等。新增混凝土锚固块(转向块)承受锚固力(转向力)的作用,存在局部应力集中,是受力复杂的D区,需要通过实体有限元分析、拉压杆模型等方法进行计算。

(3) 新旧结构界面处理和植筋技术

在体外预应力加固中,一般要新做锚固和转向装置,为使新旧结构共同工作,关键施工技术包括新旧混凝土界面处理技术和植筋技术。

3.0.5 公路混凝土桥梁体外预应力加固设计内容应包括:

1 加固方法适用性和可行性分析。

2 加固总体设计及加固方案比选。

3 体外预应力设计。

4 转向块、锚固块等局部构件设计。

5 其他细部构造设计以及体外预应力加固体系的耐久性设计。

3.0.6 公路混凝土桥梁体外预应力加固施工内容应包括:

1 施工准备。

2 施工测量及放样。

3 原结构预处理。

4 转向块及锚固块施工。

5 体外预应力施工。

6 减振装置安装。

7 防护处理。

8 施工监控。

4 材料

4.1 水泥及混凝土

4.1.1 加固所用的混凝土强度等级不应低于原结构混凝土强度等级,且不应低于C40级。

4.1.2 应采用不低于42.5级的硅酸盐水泥或快硬硅酸盐水泥。当混凝土结构有耐腐蚀要求时,应采用相应的特种水泥。

4.1.3 混凝土集料的品种和质量应符合现行《公路桥涵施工技术规范》(JTG/T F50)的规定。

4.1.4 混凝土拌和用水应符合现行《混凝土拌和用水标准》(JGJ 63)的规定。

4.1.5 当选用聚合物混凝土、微膨胀混凝土、纤维混凝土时,应在施工前进行试配并检验其强度,必要时尚应检验其干缩腐蚀等性能。不应使用铝粉作为混凝土的膨胀剂。

4.1.6 锚固块和转向块宜选用高性能混凝土,其材料性能应符合现行《高性能混凝土评价标准》(JGJ/T 385)的规定。

条文说明:锚固块和转向块难以振捣密实且存在局部应力集中,因此建议选用高性能混凝土。

4.2 钢材及焊接材料

4.2.1 普通钢筋的型号及强度设计值应符合现行《公路钢筋混凝土及预应力混凝土桥涵设计规范》(JTG 3362)的规定。

4.2.2 钢材和焊缝的型号及强度设计值应符合现行《公路钢结构桥梁设计规范》(JTG D64)的规定。

4.2.3 高强度螺栓、螺母、垫圈的技术条件应符合现行《钢结构用高强度大六角螺栓、大六角螺母、垫圈技术条件》(GB/T 1231)的规定。普通螺栓应符合现行《六角头螺栓C级》(GB/T 5780)和《六角头螺栓》(GB/T 5782)的规定。

4.3 预应力钢筋

4.3.1 钢绞线应符合现行《预应力混凝土用钢绞线》(GB/T 5224)的规定;高强度钢丝应符合现行《预应力混凝土用钢丝》(GB/T 5223)的规定;精轧螺纹钢筋应符合现行《预应力混凝土用螺纹钢筋》(GB/T 20065)的规定;体外索的技术要求应符合现行《体外预应力索技术条件》(GB/T 30827)、《无黏结钢绞线体外预应力束》(JT/T 853)和《填充型环氧涂层钢绞线体外预应力束》(JT/T 876)的规定。

4.3.2 预应力钢筋的抗拉强度设计值,应按现行《公路钢筋混凝土及预应力混凝土桥涵设计规范》(JTG 3362)的规定采用。

4.4 锚固件

4.4.1 加固植筋应使用带肋钢筋或全螺纹螺杆。

4.4.2 锚固件为全螺纹螺杆时,其钢材等级宜为 Q355 级或以上。

条文说明:采用全螺纹螺杆,主要是为了使植入混凝土后与植筋胶之间有较强的握裹力。

4.4.3 锚固件为锚栓时,其钢材力学性能指标应符合表 4.4.3 的规定。

表 4.4.3　锚栓的钢材力学性能指标

性 能 等 级		性 能 项 目			
		抗拉强度标准值 (MPa)	屈服强度标准值 (MPa)	抗拉强度设计值 (MPa)	断后伸长率 (%)
碳素钢及合金钢锚栓	5.8 级	500	400	310	10
	6.8 级	600	480	370	8
	8.8 级	800	640	490	12
不锈钢锚栓	50($d \leqslant 39$mm)	500	210	175	$0.6d$
	70($d \leqslant 24$mm)	700	450	370	$0.4d$
	80($d \leqslant 24$mm)	800	600	500	$0.3d$

注:性能等级 5.8 级表示抗拉强度标准值=500MPa,抗拉强度标准值/屈服强度标准值=0.8,余类推;表中的 d 表示锚栓的公称直径。

4.4.4 锚固件为高强螺栓时,其钢材力学性能指标应符合表 4.4.4 的规定。

表 4.4.4　高强螺栓的钢材力学性能指标

性 能 等 级		性 能 项 目		
		抗拉强度 (MPa)	规定非比例延伸强度 (MPa)	断后延伸率 (%)
高强螺栓	8.8S	830～1030	660	12
	10.9S	1 040～1 240	940	10

4.5　胶黏剂

4.5.1 桥梁加固应采用 A 级胶黏剂。

条文说明:加固用胶黏剂包括 A、B 两级,这两个等级的主要区别在于其韧性和耐湿热老化的合格指标不同。鉴于公路桥梁所处环境的复杂性及体外预应力加固结构受力的重要性,只采用 A 级胶。

4.5.2 胶黏剂的安全性能指标应符合表 4.5.2 的规定。改性剂应在工厂制胶时添加,严禁在施工现场掺入。不应使用以水泥和微膨胀剂为主要成分配制的锚固剂作为黏结材料。

表 4.5.2　锚固用胶黏剂的安全性能指标

性 能 项 目		A 级胶性能要求
胶体性能	劈裂抗拉强度(MPa)	≥8.5
	抗压强度(MPa)	≥60
	抗弯强度(MPa)	≥50

表 4.5.2（续）

性 能 项 目		A级胶性能要求
黏结能力	钢—钢（钢套筒法）拉伸抗剪强度标准值（MPa）	≥16
	约束拉拔条件下带肋钢筋与混凝土的黏结强度　C30　φ25　L=150mm	≥11
	C60　φ25　L=125mm	≥17
不挥发物含量（固体含量）（%）		≥99
注：表中的性能指标除标有强度标准值外，均为平均值。		

条文说明：胶黏剂的劈裂抗拉强度、钢—钢（钢套筒法）拉伸抗剪强度标准值、约束拉拔条件下带肋钢筋与混凝土的黏结强度应分别按照现行国家标准《混凝土加固设计规范》（GB 50367）中附录G、附录J与附录K的有关规定进行测定；胶体的抗弯强度、抗压强度及不挥发物含量应分别按照现行国家标准《树脂浇铸体性能试验方法》（GB/T 2567）及《胶黏剂不挥发物含量的测定》（GB/T 2793）的有关规定进行测定。

4.5.3 桥梁加固用胶黏剂，其钢—钢黏结抗剪性能应按照现行国家标准《混凝土加固设计规范》（GB 50367）进行湿热老化检验。

4.5.4 桥梁加固用胶黏剂应符合实际无毒卫生等级的规定。

4.5.5 寒冷地区桥梁加固用胶黏剂应通过耐冻融性检验。冻融环境温度应为−25℃～35℃（允许偏差−0℃；+2℃），循环次数不少于50次，每一次循环时间为8h。试验结束后，试件在常温条件下测得的强度降低百分率不应大于5%。

4.6 钢绞线体外预应力组件及材料

4.6.1 桥梁加固用钢绞线体外预应力组件，包括体外索、锚具、转向器、减振装置等（图4.6.1），其性能应符合下列要求：

1 体外索索体、转向器和锚具组装件，应满足现行国家标准《体外预应力索技术条件》（GB/T 30827）规定的静载试验和疲劳试验技术要求。

2 体外索组件应可检测、可更换。

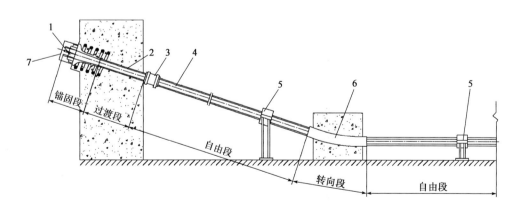

图 4.6.1　钢绞线体外预应力组件

1-锚具；2-预埋管；3-密封装置；4-体外索；5-减振装置；6-转向器；7-保护罩

4.6.2 体外索分为散束式索体和集束式索体(图4.6.2)。体外预应力钢绞线可采用无黏结钢绞线或填充型环氧涂层钢绞线。

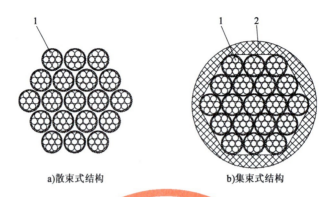

图4.6.2 体外索截面示意图

1-无黏结钢绞线；2-外护套(热挤)

条文说明：体外预应力钢束是否能多次张拉(包括张紧与放松)、是否可更换，以及如何张拉和更换，是决定体外预应力组件选用的关键，且各种组件的选用是相互联系的。目前原桥加固所用体外预应力体系主要包括两类：成品索体系和非成品索体系。成品索是由无黏结钢绞线束热挤HDPE护套组成，一般可以更换和整束多次张拉。非成品索可分为两类：光面钢绞线束和环氧涂层钢绞线束，外护套内灌注水泥浆，主要用于不更换和一次张拉的情况；无黏结钢绞线束，外护套内灌注防腐油脂及蜡等不固化的防腐材料或不灌注，主要用于需要多次张拉或更换的情况。非成品体外索需要进行单根钢绞线更换或多次张拉时，应采用散束式转向器及无黏结钢绞线束。

4.6.3 体外索转向器分为集束式和散束式(图4.6.3)，其材料性能应符合下列要求：

1 集束式转向器的管材应采用无缝钢管，钢管材料应符合现行《结构用无缝钢管》(GB/T 8162)的规定。

2 散束式转向器由分散的引导管组成，引导管应采用无缝钢管或HDPE管。HDPE管材料应符合现行《桥梁缆索用高密度聚乙烯护套料》(CJ/T 297)的规定。

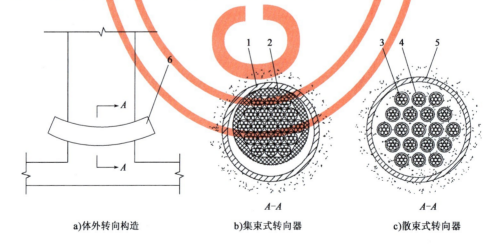

a)体外转向构造　　b)集束式转向器　　c)散束式转向器

图4.6.3 转向器截面示意图

1-钢管；2-成品索；3-无黏结钢绞线；4-分丝管；5-附属构造；6-转向器

4.6.4 体外索锚具可分为铸造式锚具和钢板式锚具两类(图4.6.4)，锚具组件应符合现行《预应力筋用锚具、夹具和连接器》(GB/T 14370)的规定。

1 可多次张拉的体外索锚具的锚板外应设置调节螺母，锚具内应灌注防腐油脂或蜡等不固化的防腐材料，防腐油脂应符合现行《无粘结预应力筋用防腐润滑脂》(JG/T 430)的规定，蜡应符合现行《半精炼石蜡》(GB/T 254)的规定。

2 锚具外露部分应有涂覆防腐的措施，保护罩应密封良好且可重复拆装。

3 锚具的隔离衬套、保护罩应由金属或高密度聚氯乙烯(HDPE)材料制作。锚具保护罩应完全罩住锚板和钢束的尾端，与支承面的连接应有密封措施。

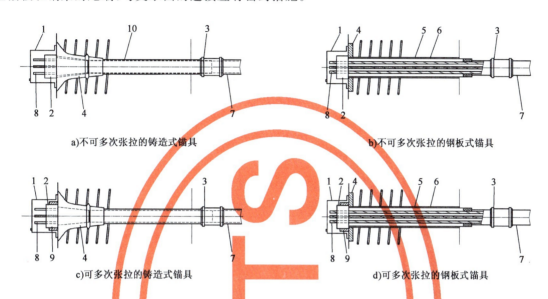

图 4.6.4 锚具组件结构示意

1-保护罩；2-锚板；3-连管；4-锚垫板；5-导管；6-喇叭管；7-外护套；8-张拉预留段；9-螺母；10-隔离衬套

4.6.5 体外索减振装置由定位部件和隔振材料组成(图 4.6.5)。减振装置应有适当的防腐措施，应为便于维护的可重复拆装式，所有可换部件应装卸方便。

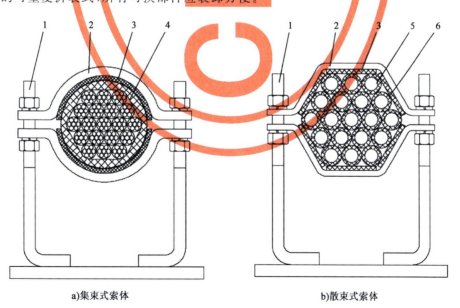

图 4.6.5 减振装置示意图

1-可调拉杆；2-索夹；3-减振橡胶；4-集束式索体；5-散束式索体；6-减振管

5 加固设计

5.1 一般规定

5.1.1 应依据原桥梁设计图、竣工资料、检测评定报告和现场核查情况等进行加固设计。

5.1.2 加固设计应考虑结构病害影响、材料劣化、新旧材料的结合性能及材料差异。

5.1.3 桥梁体外预应力加固设计应符合以下规定：

1 确定加固目标，进行方案比选。

2 减少对原结构的损伤。

3 选用合理的预应力度和预应力体系，满足可检、可调节和可更换的要求。

4 合理布置新增转向及锚固构造，满足受力合理、施工方便等要求。

5 采用可靠的界面处理，满足新增构造和原结构的可靠连接要求。

5.1.4 桥梁体外预应力加固计算应符合以下规定：

1 作用及作用效应组合系数，应符合原设计所遵循的相关规范的规定。

2 原结构的尺寸宜采用实测值。

3 原结构混凝土强度等级，宜采用检测结果的推定值。

4 体外预应力加固混凝土结构的整体计算内容应包括：

　1) 持久状况承载力极限状态计算。

　2) 持久状况正常使用极限状态计算。

　3) 短暂状况的应力计算。

　4) 体外预应力钢筋的疲劳应力验算。

5 体外预应力加固混凝土结构的局部计算内容应包括：

　1) 转向构造的承载力和抗裂性计算、锚固构造的承载力和抗裂性计算。

　2) 体外预应力锚固区局部承压承载力可按现行《公路钢筋混凝土及预应力混凝土桥涵设计规范》(JTG 3362)进行计算。

　3) 体外索的混凝土锚固和转向构造等应力扰动区(D区)，可采用拉压杆模型、实体有限元模型等进行计算。

6 体外预应力加固混凝土结构的抗裂验算，可按现行《公路钢筋混凝土及预应力混凝土桥涵设计规范》(JTG 3362)进行。

条文说明： 自20世纪80年代以来，国际工程界倡导将混凝土结构划分为B区和D区分别对待。B区是指截面应变符合平截面假定的区域，可按"梁式体系"进行计算；D区(应力扰动区)是指截面应变分布不符合平截面假定(或呈现明显非线性)的区域，一般位于集中力作用点附近或几何尺寸发生突变的部位。体外预应力钢束的混凝土锚固块和转向块是典型的D区。

这里，对D区设计计算中常用的拉压杆模型方法、实体有限元模型方法或特殊受力情形简化公式方法，简要说明如下：

1 拉压杆模型方法是基于连续体内传力路径的简化受力分析方法，也是我国《公路钢筋混凝土及预应力混凝土桥涵设计规范》(JTG 3362)、美国 AASHTO LRFD Bridge Design Specifications 和欧洲规范 Eurocode 中推荐的一种 D 区设计方法。拉压杆模型的理论基础是塑性下限定理，国内外已对深梁、预应力锚固区、牛腿等典型 D 区开展了大量试验和理论研究，验证了拉压杆模型方法能够较好地反映这些区域的受力机制，并且其对 D 区极限承载力的计算是偏于安全的。

2 实体有限元模型方法，一般指通过弹性实体有限元分析获得 D 区应力大小与分布规律的方法。为使拉应力计算结果能够为定量化配筋设计提供参考依据，可取垂直于拟配筋方向的截面，将该截面拉应力对其分布范围进行积分得到总拉力，再用总拉力除以普通钢筋抗拉强度设计值求出需要配置的受拉钢筋面积。此外，在考虑钢筋与混凝土非线性本构关系的情况下，实体有限元模型分析还可用于评估 D 区的抗裂性和承载能力。

3 特殊受力情形的简化公式方法，是指在某些特定情形下，利用弹性力学或力流线模型推导出的解析公式直接进行受力计算的方法。

5.2 持久状况承载能力极限状态计算

5.2.1 体外预应力加固混凝土受弯构件的正截面抗弯承载力可按下列规定计算。

1 计算假定

1) 加固后的混凝土构件正截面应变仍然满足平截面假定。

2) 体外预应力钢筋的应力沿程保持一致。

3) 可不考虑体外索二次效应的影响。

4) 体外预应力钢筋在抗弯承载力极限状态下的应力达到其极限应力计算值 $\sigma_{pu,e}$。

2 体外预应力加固构件抗弯承载力的计算，根据截面形状和中心轴的位置，分为以下两种情况考虑：

1) 矩形截面或中性轴位于 T 形或 I 形截面翼板内（$x \leq h'_f$）的体外预应力加固梁（图 5.2.1-1），其正截面抗弯承载力计算应符合下列规定：

$$f_{cd0} b'_f x + f'_{sd} A'_s = \sigma_{pu,e} A_{p,e} + f_{pd,i} A_{p,i} + f_{sd} A_s \quad (5.2.1\text{-}1)$$

$$\gamma_0 M_d \leq \sigma_{pu,e} A_{p,e} \left(h_{p,e} - \frac{x}{2} \right) + f_{pd,i} A_{p,i} \left(h_{p,i} - \frac{x}{2} \right) + f_{sd} A_s \left(h_s - \frac{x}{2} \right) + f'_{sd} A'_s \left(\frac{x}{2} - a'_s \right)$$

(5.2.1-2)

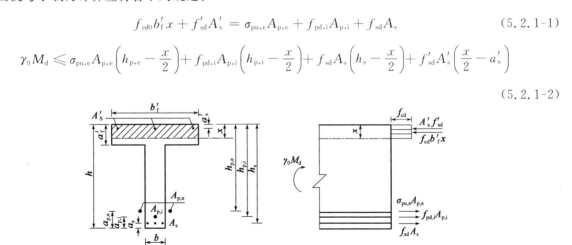

图 5.2.1-1 矩形受压截面抗弯承载力计算图式

2) T 形或 I 形截面且中性轴位于腹板内（$x > h'_f$）的体外预应力加固梁（图 5.2.1-2），其正截面抗弯承载力计算应符合下列规定：

$$f_{cd0}bx + f_{cd0}(b'_f - b)h'_f + f'_{sd}A'_s = \sigma_{pu,e}A_{p,e} + f_{pd,i}A_{p,i} + f_{sd}A_s \quad (5.2.1-3)$$

$$\gamma_0 M_d \leqslant \sigma_{pu,e}A_{p,e}(h_{p,e} - a'_c) + f_{pd,i}A_{p,i}(h_{p,i} - a'_c) + f_{sd}A_s(h_s - a'_c) + f'_{sd}A'_s(a'_c - a'_s) \quad (5.2.1-4)$$

式中：γ_0——结构重要性系数；

M_d——计算截面弯矩的组合设计值；

$A_{p,e}$——新增体外预应力钢筋的截面面积；

$\sigma_{pu,e}$——体外预应力钢筋的极限应力计算值，可按本指南第5.2.1-3条计算；

$h_{p,e}$——体外预应力钢筋合力点至截面受压区边缘的距离；

x——截面混凝土受压区（矩形分布应力）高度；

$A_{p,i}$——原梁体内预应力钢筋的截面面积；

$f_{pd,i}$——原梁体内预应力钢筋的抗拉强度设计值；

$h_{p,i}$——体内预应力钢筋合力点至受压区边缘的距离；

A_s——原梁体内纵向受拉普通钢筋的面积；

f_{sd}——原梁体内纵向受拉普通钢筋的抗拉强度设计值；

h_s——体内纵向受拉普通钢筋至截面受压区边缘的距离；

A'_s——原梁体内纵向受压普通钢筋的面积；

f'_{sd}——原梁体内纵向受压普通钢筋的抗压强度设计值；

a'_s——体内纵向受压普通钢筋至截面受压边缘的距离；

f_{cd0}——原梁混凝土的轴心抗压强度设计值；

b'_f——受压翼板的有效宽度，按现行《公路钢筋混凝土及预应力混凝土桥涵设计规范》（JTG 3362）的规定取用；

b——梁肋或腹板的宽度；

a'_c——受压混凝土合力至截面受压区边缘的距离，$a'_c = \dfrac{bx^2 + h'^2_f(b'_f - b)}{2[bx + h'_f(b'_f - b)]}$。

图 5.2.1-2　T形受压截面抗弯承载力计算图式

截面受压区高度限制条件、受压区配筋时设计应力的计算规定均同现行《公路钢筋混凝土及预应力混凝土桥涵设计规范》（JTG 3362）。

3　体外预应力加固构件的正截面抗弯承载力计算时，体外预应力钢筋的极限应力计算值$\sigma_{pu,e}$，可选用下列两种方法之一进行计算：

1）简单取值法

$$\sigma_{pu,e} = \sigma_{pe,e} \quad (5.2.1-5)$$

式中：$\sigma_{pe,e}$——使用阶段体外预应力钢筋扣除预应力损失后的有效应力（MPa）。

2) 简化计算法

$$\sigma_{pu,e} = \sigma_{pe,e} + 0.8\times 10^{-3} E_{p,e} \frac{e_m}{c_y} \cdot \frac{L_0}{L_{pe}} \leqslant f_{pd,e} \qquad (5.2.1\text{-}6)$$

式中：$\sigma_{pu,e}$——体外预应力钢筋的极限应力计算值（MPa）；

$\sigma_{pe,e}$——使用阶段体外预应力钢筋扣除预应力损失后的有效应力（MPa）；

$E_{p,e}$——体外预应力钢筋的弹性模量（MPa）；

L_0——计算截面所在梁跨跨径或相邻最大梁跨的跨径（mm）；

L_{pe}——两锚具间体外索的总长（mm）；

e_m——体外索水平段至截面形心的距离（mm），见图5.2.1-3；

c_y——普通钢筋和预应力钢筋屈服时的截面受压区高度（mm）；

对于T形截面：

$$c_y = \frac{0.85 A_{p,e} f_{pk,e} + 0.85 A_{p,i} f_{pk,i} + A_s f_{sk} - A'_s f'_{sk} - 0.75 \beta f_{cu,k0}(b'_f - b) h'_f}{0.68 \beta f_{cu,k0} b}$$

对矩形截面：

$$c_y = \frac{0.85 A_{p,e} f_{pk,e} + 0.85 A_{p,i} f_{pk,i} + A_s f_{sk} - A'_s f'_{sk}}{0.68 \beta f_{cu,k0} b}$$

注：对于T形截面，当$c_y \leqslant 0$时，按宽度为b'_f的矩形截面计算。

$A_{p,i}$、$A_{p,e}$——原梁受拉区纵向体内、体外预应力钢筋的截面面积（mm²）；

$f_{pk,i}$、$f_{pk,e}$——原梁体内、体外预应力钢筋的抗拉强度标准值（MPa）；

$f_{pd,e}$——体外预应力钢筋的抗拉强度设计值（MPa）；

A_s、A'_s——原梁受拉区、受压区纵向普通钢筋的截面面积（mm²）；

f_{sk}、f'_{sk}——原梁纵向普通钢筋的抗拉、抗压强度标准值（MPa）；

$f_{cu,k0}$——原梁混凝土的立方体抗压强度标准值（MPa）；

β——混凝土受压区高度折减系数，取$\beta=0.8$；当混凝土强度大于C50时，按现行《公路钢筋混凝土及预应力混凝土桥涵设计规范》（JTG 3362）的方法进行折减。

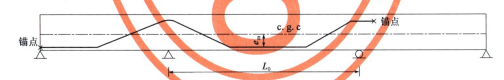

图5.2.1-3 体外预应力加固连续梁计算参数示意

条文说明： 计算体外预应力结构抗弯极限强度时，如何确定体外束极限应力$\sigma_{pu,e}$是关键。在混凝土结构构件达到承载能力极限状态时，体外预应力钢束并没有达到屈服强度。体外束极限应力$\sigma_{pu,e}$一般取有效预应力$\sigma_{pe,x}$与应力增量$\Delta\sigma$之和。应力增量与跨高比、配筋率、预应力钢束配设方式等因素有关，各国规范的规定有所差异。偏于保守的考虑，在计算承载能力时，建议参照欧洲CEB-FIP 90规范，体外束极限应力$\sigma_{pu,e}$取其使用阶段扣除预应力损失后的有效应力$\sigma_{pe,x}$，即忽略体外束的应力增量。同时，与体内预应力钢束相比，体外预应力钢束位于混凝土箱梁截面外，仅在锚固装置和转向装置处受到箱梁约束，梁体挠曲变形时，体外束与梁体轴线产生相对位置偏差，即"二次效应"。研究表明，通过合理设置转向块，体外束的二次效应可以大大减小，在计算中可以忽略不计。

本节推荐采用的体外束极限应力计算方法，是东南大学基于美国AASHTO LRFD 1994规范黏结折减系数法的研究结果。该理论公式与国内外89片无黏结预应力混凝土梁的试验结果进行对比，实测应力增量与计算应力增量与之比均值为1.34，标准差为0.46，具有比AASHTO LRDF 1994、ACI 318等规范方法更好的计算精度。

对于体外预应力极限应力的计算，也可参照《公路桥梁加固设计规范》（JTG/T J22）、欧洲规范Eurocode等其他规范方法进行。

(1)《公路桥梁加固设计规范》(JTG/T J22)方法

体外预应力加固构件的正截面抗弯承载力计算时,体外预应力钢筋的极限应力设计值 $\sigma_{pu,e}$ 可按下式计算:

$$\sigma_{pu,e} = \sigma_{pe,e} + 0.03E_{p,e}\frac{h_{p,e}-c}{\gamma_p l_e} \leqslant f_{pd,e} \tag{5-1}$$

式中: l_e ——计算跨体外索的有效长度, $l_e = \frac{2l_i}{N_s+2}$;

N_s ——构件失效时形成的塑性铰的数目,对于简支梁 $N_s=0$,对于连续梁 $N_s=n-1$; n 为连续梁的跨数;

l_i ——两端锚固间体外索的总长度,对于简支梁, $l_e=l_i$;

γ_p ——体外预应力钢筋的安全系数,取 $\gamma_p=2.2$;

$h_{p,e}$ ——体外预应力钢筋合力点至截面顶面的距离;

$E_{p,e}$ ——体外预应力钢筋的弹性模量;

c ——截面中性轴到混凝土受压区顶面的距离;

对于T形截面:

$$c = \frac{A_{p,e}\sigma_{pe,e} + A_s f_{sk} + A_{p,i} f_{pk,i} - A'_s f'_{sk} - 0.75\beta f_{cu,k}(b'_f - b)h'_f}{0.68\beta f_{cu,k}b}$$

对矩形截面:

$$c = \frac{A_{p,e}\sigma_{pe,e} + A_s f_{sk} + A_{pi} f_{pk,i} - A'_s f'_{sk}}{0.68\beta f_{cu,k}b}$$

β ——混凝土受压区高度折减系数,取 $\beta=0.8$;

$\sigma_{pe,e}$ ——体外预应力束的永存预应力;

$f_{pk,i}$、$f_{pd,e}$ ——体内、体外预应力束的抗拉强度设计值;

$f_{cu,k}$ ——混凝土立方体抗压强度标准值;

f_{sk}、f'_{sk} ——体内纵向受拉、受压普通钢筋的抗拉强度标准值;

$f_{pk,i}$ ——体内预应力筋的抗拉强度标准值。

其余符号的意义同前。

(2) 欧洲规范(Eurocode)方法

体外预应力加固构件的正截面抗弯承载力计算时,体外预应力钢筋的极限应力设计值 $\sigma_{pu,e}$ (MPa)可按下式计算:

1) 简支梁

$$\sigma_{pu,e} = \sigma_{pe,e} + 100\text{MPa} \leqslant f_{pd,e} \tag{5-2}$$

式中: $\sigma_{pe,e}$ ——扣除全部预应力损失后,体外预应力钢筋中的有效预应力;

$f_{pd,e}$ ——体外预应力束的抗拉强度设计值。

2) 连续梁

$$\sigma_{pu,e} = \sigma_{pe,e} \leqslant f_{pd,e} \tag{5-3}$$

5.2.2 体外预应力加固混凝土受弯构件的斜截面抗剪承载力可按下列规定计算。

1 体外预应力加固的矩形、T形和I形截面的受弯构件,其斜截面受剪承载力应符合下列规定(图5.2.2):

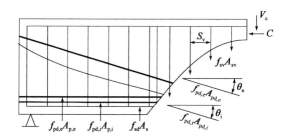

图 5.2.2 斜截面抗剪承载力计算图式

$$\gamma_0 V_d \leqslant V_{cs} + V_{sb} + V_{pb,i} + V_{pb,e} \quad (5.2.2\text{-}1)$$

$$V_{cs} \leqslant \alpha_1 \alpha_2 \alpha_3 0.45 \times 10^{-3} b h_0 \sqrt{(2+0.6P)} \sqrt{f_{cu,k0}\rho_{sv}f_{sv}} \quad (5.2.2\text{-}2)$$

$$V_{sb} = 0.75 \times 10^{-3} f_{sd} \sum A_{sb} \sin\theta_s \quad (5.2.2\text{-}3)$$

$$V_{pb,i} = 0.75 \times 10^{-3} f_{pb,i} A_{pb,i} \sin\theta_i \quad (5.2.2\text{-}4)$$

$$V_{pb,e} = 0.75 \times 10^{-3} \sigma_{pe,e} A_{pb,e} \sin\theta_e \quad (5.2.2\text{-}5)$$

式中： γ_0——结构重要性系数；

V_d——斜截面剪压端剪力的组合设计值(kN)；

V_{cs}——斜截面内混凝土和箍筋共同承受的抗剪承载力设计值(kN)；

V_{sb}——与斜截面相交的普通弯起钢筋的抗剪承载力设计值(kN)；

$V_{pb,i}$、$V_{pb,e}$——与斜截面相交的体内、体外弯起预应力钢筋的抗剪承载力设计值(kN)；

α_1——异号弯矩影响系数，计算简支梁和连续梁近支点梁段的抗剪承载力时，$\alpha_1=1.0$；计算连续梁和悬臂梁近中间支点梁段的抗剪承载力时，$\alpha_1=0.9$；

α_2——预应力提高系数，当原梁为钢筋混凝土受弯构件时，$\alpha_2=1.0$；当原梁为预应力混凝土受弯构件时，$\alpha_2=1.25$，但当原梁中由钢筋合力引起的截面弯矩与外弯矩的方向相同时，或原梁为预应力混凝土B类构件，$\alpha_2=1.0$；

α_3——受压翼缘影响系数，对矩形截面，$\alpha_3=1.0$；对具有受压翼缘的T形或[形截面，$\alpha_3=1.1$；

b——斜截面受压端正截面处，原梁的腹板宽度(mm)；

h_0——斜截面受压端正截面的有效高度(mm)；

P——原梁斜截面内的纵向钢筋配筋率，$P=100\rho$，$\rho=(A_s+A_{pi})/(bh_0)$，当$P>2.5$时，取$P=2.5$；

$f_{cu,k0}$——原梁混凝土的立方体抗压强度标准值(MPa)；

ρ_{sv}——原梁斜截面内箍筋配筋率，$\rho_{sv}=\dfrac{A_{sv}}{bs_v}$；

f_{sv}——原梁中箍筋抗拉强度设计值(MPa)；

A_{sv}——斜截面范围内同一截面箍筋各肢的总截面面积(mm²)；

s_v——斜截面内箍筋的间距(mm)；

f_{sd}、$f_{pb,i}$——原梁中普通钢筋、体内预应力钢筋的抗拉强度设计值(MPa)；

$\sigma_{pe,e}$——使用阶段体外预应力钢筋扣除预应力损失后的有效应力(MPa)；

A_{sb}——斜截面内在同一弯起平面的普通弯起钢筋的截面面积(mm²)；

$A_{pb,i}$——斜截面内在同一弯起平面的体内预应力弯起钢筋的截面面积(mm²)；

$A_{pb,e}$——斜截面内在同一弯起平面的体外预应力弯起钢筋的截面面积(mm²)；

θ_s——普通弯起钢筋的弯起角度(°)；

θ_i、θ_e——体内预应力钢筋、体外预应力钢筋的弯起角(°)。

箱形截面受弯构件的斜截面抗剪承载力的验算，可参照本条规定进行。

2 体外预应力加固的矩形、T形和I形截面的受弯构件，为避免斜压破坏，其截面尺寸尚应符合下列要求：

$$\gamma_0 V_d - 0.75 \times 10^{-3} \sigma_{pe,e} A_{pb,e} \sin\theta_e \leqslant 0.51 \times 10^3 \sqrt{f_{cu,k0}} b h_0 \quad (5.2.2\text{-}6)$$

条文说明：本条关于配置体外预应力的矩形、T形和I形截面混凝土受弯构件的斜截面抗剪承载力计算，参照现行《公路钢筋混凝土及预应力混凝土桥涵设计规范》(JTG 3362)试验表明：体外预应力梁发生剪切破坏时，体内预应力钢筋的应力可以达到屈服强度，体外预应力钢筋的应力增加幅度较小。因此计算$V_{pb,e}$时，体外预应力钢筋应力取使用阶段体外预应力钢筋扣除预应力损失后的有效应力 $\sigma_{pe,e}$。本条关于"抗剪上限值"的公式(5.2.2-6)用于验算截面尺寸,考虑了体外预应力竖向分力的贡献。

5.2.3 体外预应力转向块的承载力可按下列规定计算。

1 计算的一般规定

　　1) 转向块应根据体外预应力产生的转向分力进行设计,并应考虑转向块处的集中力对原结构整体及局部受力的影响。

　　2) 转向块的承载力验算可分为新旧结构的抗拔承载力验算和接触面抗剪承载力验算。

　　3) 混凝土转向块抗拉承载力计算时,可只考虑内环箍筋的作用,宜布置一定数量的抗裂用外环箍筋。

　　4) 混凝土转向块接触面抗剪承载力计算时,可忽略混凝土的界面黏结力。

　　5) 钢制转向块接触面应进行抗剪承载力和抗拔承载力计算。

2 承受空间预应力作用的转向块,在承载力极限状态下其竖向转向力 N_d 和横向转向力 V_d 可按下式确定,参见图 5.2.3。

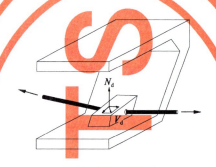

图 5.2.3 转向块的作用效应示意

$$N_d = 1.2 N_{p,con} \sin\theta_e \tag{5.2.3-1}$$

$$V_d = 1.2 N_{p,con} \sqrt{1 - 2\cos\theta_e \cos\beta_e + \cos^2\theta_e} \tag{5.2.3-2}$$

式中:N_d——转向装置的竖向作用设计值,即体外预应力钢筋张拉时对转向装置的合力在竖直方向的分力设计值;

　　V_d——转向装置的横向作用设计值,即体外预应力钢筋张拉时对转向装置的合力在水平面的分力设计值;

　　$N_{p,con}$——体外预应力钢筋的张拉控制力,取 $N_{p,con} = \sigma_{con,e} A_{p,e}$;

　　$\sigma_{con,e}$——体外预应力钢筋的张拉控制应力;

　　$A_{p,e}$——体外预应力钢筋的截面面积;

　　θ_e——体外预应力钢筋的竖弯角;

　　β_e——体外预应力钢筋的平弯角。

3 块式混凝土转向块钢筋的抗拔承载力可按下式验算:

$$\gamma_0 N_d \leqslant f_{sd} A_{sv} \tag{5.2.3-3}$$

式中:γ_0——结构重要性系数;

　　N_d——竖向转向力的组合设计值;

　　f_{sd}——普通钢筋抗拉强度设计值;

　　A_{sv}——内环箍筋的抗拉截面面积。

4 块式混凝土转向块接触面的抗剪承载力可按下式验算:

$$\gamma_0 V_d \leqslant \mu(f_{sd} A_{vf} - N_d) \tag{5.2.3-4}$$

式中：γ_0——结构重要性系数；

V_d——横向转向力的组合设计值；

N_d——竖向转向力的组合设计值；

A_{vf}——穿过接触面钢筋的截面面积；

f_{sd}——普通钢筋抗拉强度设计值；

μ——新旧混凝土接触面的摩阻系数，对经凿毛处理的交界面，取为1.0；对未经凿毛处理的交界面，取为0.6。

5 半隔板式混凝土转向块也可偏于安全地参照块式混凝土转向块的计算方法，进行抗拉承载力计算和接触面抗剪承载力计算。

条文说明：转向块是体外预应力结构中的局部受力复杂区域，其受力性能关系到整个结构的安全，需要进行局部特殊设计。混凝土块式转向块中一般存在以下三种受力机理(图5-1)：

1) 由体外预应力竖向转向力引起的内环箍筋的抗拔作用。

2) 上层外环箍筋产生的梁作用。

3) 由体外预应力横向转向力在转向管道下混凝土剪切面引起的剪切作用。

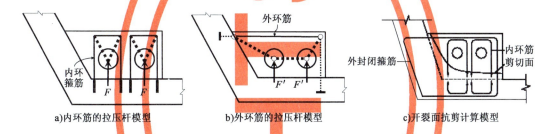

图 5-1 转向块承载力的计算图式示意

块式转向块必须进行上拔抗拉设计和混凝土开裂面抗剪设计。美国得克萨斯大学的试验表明，在内环筋屈服前，竖向转向力绝大部分由内环筋承担，而外环筋的作用并没有得到完全发挥。因此，在设计时，可偏于安全地只考虑内环筋的作用，但仍然需要布置一定数量的抗裂外环筋。

考虑到预应力张拉时转向块往往处于最不利受力状态，在计算转向块的作用效应时，体外预应力束的内力取为其张拉控制力，并乘以荷载分项系数1.2。

竖肋式转向块可以通过受压混凝土传递竖向转向力，因此一般可不进行抗拔承载力的计算。横肋式转向块的抗拔承载力计算方法与块式转向块相同，但由于横肋在底板贯通而一般不必进行剪切面的抗剪承载能力计算。

5.2.4 体外预应力齿块锚固区的承载力可按下列规定计算。

1 混凝土三角齿块和矩形齿块锚固区(图5.2.4)，应分别进行局部区的锚下抗压承载力计算、总体区的抗拉承载力及水平抗剪承载力计算。

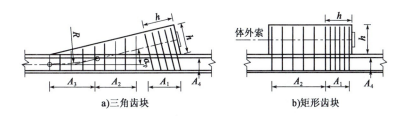

图 5.2.4 三角齿块和矩形齿块的钢筋布置示意

2 齿块锚下抗劈裂承载力可按下式验算：

$$T_{b,d} = 0.25P_d \tag{5.2.4-1}$$

$$\gamma_0 T_{b,d} \leqslant f_{sd} A_1 \tag{5.2.4-2}$$

式中：γ_0——结构重要性系数；

$T_{b,d}$——锚下劈裂力设计值；

P_d——预应力锚固力设计值，取 1.2 倍张拉控制力；

A_1——齿块一倍端面高度范围内抗劈裂钢筋截面面积；

f_{sd}——普通钢筋抗拉强度设计值。

3 三角齿块预应力束弯曲段内的抗拔承载力可按下式验算：

$$T_R = \alpha_p P_d \tag{5.2.4-3}$$

$$\gamma_0 T_R \leqslant f_{sd} A_3 \tag{5.2.4-4}$$

式中：γ_0——结构重要性系数；

T_R——径向力引起的拉力设计值；

P_d——预应力锚固力设计值，取 1.2 倍张拉控制力；

A_3——体外预应力钢筋弯曲段内抗拔普通钢筋的截面面积；

α_p——体外预应力钢筋在锚固块内的弯起角，以弧度计；

f_{sd}——普通钢筋抗拉强度设计值。

4 齿块接触面的抗剪承载力可按下式验算：

$$\gamma_0 P_d \cos\alpha_p \leqslant \mu f_{sd}(A_1 \cos\alpha_p + A_2 + A_3) \tag{5.2.4-5}$$

式中：γ_0——结构重要性系数；

P_d——预应力锚固力设计值，取 1.2 倍张拉控制力；

α_p——预应力钢筋在锚固块内的弯起角；

A_2——穿过接触面钢筋的截面面积（不包括 A_1 和 A_3）；

f_{sd}——普通钢筋抗拉强度设计值；

μ——新旧混凝土接触面的摩阻系数，对经凿毛（或凿槽）处理的交界面，取为 1.0；对未经凿毛处理的交界面，取为 0.6。

5 齿块锚后抗牵拉承载力可按下式验算：

$$T_{tb,d} = 0.20P_d \tag{5.2.4-6}$$

$$\gamma_0 T_{tb,d} \leqslant f_{sd} A_4 \tag{5.2.4-7}$$

式中：γ_0——结构重要性系数；

$T_{tb,d}$——齿块锚后牵拉力设计值；

P_d——预应力锚固力设计值，取 1.2 倍张拉控制力；

A_4——壁板抗牵拉纵向钢筋面积（力筋轴线两侧各 1.5 倍锚垫板宽度范围内）；

f_{sd}——普通钢筋抗拉强度设计值。

条文说明：本条参照我国《公路钢筋混凝土及预应力混凝土桥涵设计规范》(JTG 3362)和美国 AASHTO 桥梁设计规范，进一步将后张锚固区划分为局部区(local zone)和总体区(general zone)两个区域，以便根据其各自的受力特点分别进行计算（图 5-2）。局部区为锚具周围较小的区域，其主要矛盾是三向受压，应根据《公路钢筋混凝土及预应力混凝土桥涵设计规范》(JTG 3362)进行锚下局部承压验算，锚具生产厂家应保证局部区满足《公路桥梁预应力钢绞线用锚具、夹具和连接器》(JT/T 329)中的传力性能试验要求。总体区的范围为局部区之外的整个锚固区,其主要矛盾是预应力扩散引起的拉应力,应进行相关抗裂钢筋的设计。

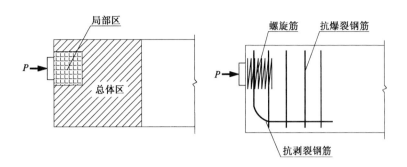

图 5-2 预应力锚固区分区及配筋示意

后张预应力三角齿块锚固区存在着集中锚固力的作用、几何形体上的突变以及预应力钢束弯曲引起的径向力作用,是一个受力十分复杂的典型 D 区,需要配置钢筋以满足抗裂和承载力的要求。三维实体有限元分析表明,齿板内存在如下五种典型局部作用(图 5-3):

1 齿板锚下横向拉应力分布,称之为"锚下劈裂效应"。

2 齿块端面根部凹角区的拉应力集中,称之为"端面根部受拉效应"。

3 锚后拉应力集中现象,称之为"锚后牵拉效应"。

4 底板下缘拉应力区,称之为"局部弯曲效应"。

5 预应力钢束转向区域拉应力集中的现象,来源于"径向力效应"。

本条给出的锚固齿块总体区抗拉承载力计算方法,参考自美国 AASHTO 桥梁规范,锚下劈裂力取为 25% 锚固力设计值,锚后牵拉力取为 20% 锚固力设计值。

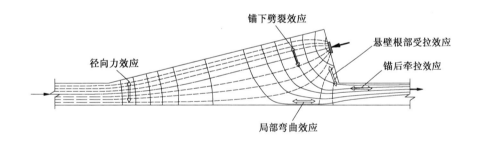

图 5-3 后张预应力齿板锚固区内的五种局部作用

5.2.5 体外索横梁锚固区的承载力可按下列规定计算。

1 横梁锚固区应分别进行局部区的锚下抗压承载力计算和总体区的抗拉承载力计算。

2 采用拉压杆模型进行横梁锚固区计算时,钢筋(拉杆)的抗拉承载力计算应符合下列规定(图 5.2.5-1、图 5.2.5-2):

$$\gamma_0 T_s \leqslant f_{sd} A_{ss} \quad (5.2.5\text{-}1)$$
$$\gamma_0 T_h \leqslant f_{sd} A_{sh} \quad (5.2.5\text{-}2)$$

式中:γ_0——结构重要性系数;

T_s、T_h——横梁底缘的竖向、横向拉杆内力设计值;

A_{ss}、A_{sh}——横梁底缘 0.25 倍横梁厚度范围内各层竖向、横向钢筋截面面积总和;

f_{sd}——普通钢筋抗拉强度设计值。

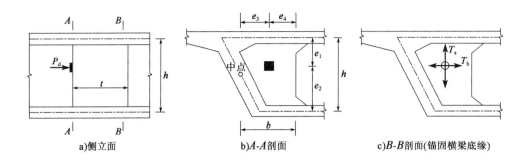

图 5.2.5-1 横梁锚固区的半结构示意图

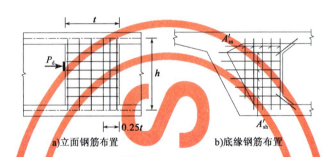

图 5.2.5-2 横梁锚固区的钢筋布置示意

3 半隔板式横梁锚固区底缘的竖向、横向拉杆内力设计值,可按下列公式计算:

$$T_s = \begin{cases} R_1 e_1/t & \text{当 } e_1 \leqslant e_2 \text{ 时} \\ R_2 e_2/t & \text{当 } e_1 \geqslant e_2 \text{ 时} \end{cases} \quad (5.2.5\text{-}3)$$

$$T_h = R_3 e_3/t \quad (5.2.5\text{-}4)$$

式中:R_1、R_2、R_3——半隔板上体外锚固力传至箱梁顶板、底板和腹板的份额,可分以下两种情形计算:

1) 当 $b \geqslant h/2$ 时(宽隔板)

$$R_1 = \frac{e_2 - e_1 + 2e_3}{2(e_1 + e_2)} P_d \geqslant 0, \quad R_2 = \frac{e_1 - e_2 + 2e_3}{2(e_1 + e_2)} P_d \geqslant 0, \quad R_3 = \left(1 - \frac{2e_3}{e_1 + e_2}\right) P_d \geqslant 0$$

$$(5.2.5\text{-}5)$$

2) 当 $b \leqslant h/2$ 时(窄隔板)

$$R_1 = \frac{2e_2 e_3 - e_4(e_1 - e_2)}{2(e_1 + e_2)(e_3 + e_4)} P_d \geqslant 0, \quad R_2 = \frac{2e_1 e_3 + e_4(e_1 - e_2)}{2(e_1 + e_2)(e_3 + e_4)} P_d \geqslant 0, \quad R_3 = \frac{e_4}{e_3 + e_4} P_d \geqslant 0$$

$$(5.2.5\text{-}6)$$

式中:P_d——作用于半隔板的体外锚固力合力设计值,取 1.2 倍张拉控制力;

h——横梁高度;

b——横梁半隔板宽度;

t——横梁厚度;

e_1、e_2、e_3——半隔板上体外锚固力合力点至箱梁顶板、底板和腹板中心线的距离;

e_4——半隔板上体外锚固力合力点至横梁外边缘的距离。

条文说明:横梁锚固块受力上相当于一根三边支承的深梁,通过局部承压与深梁的共同作用,将体外预应力锚固力传递至箱梁的顶板、底板及腹板。美国得克萨斯大学的试验与有限元分析表明,在横梁背面出现了较大的拉应力,在横梁背面出现了较大的主拉应力,反映出深梁的受力特点;同时,锚固横梁背面的腹板中部还出现了横向拉应力(图5-4)。本条给出的锚固横梁背面竖向和横向拉杆的内力计算公式,是基于空间拉压杆模型推导的结果。

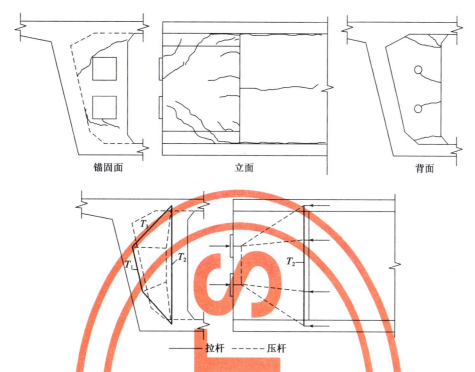

图5-4 横梁锚固区的常见裂缝形态及拉压杆模型

5.3 持久状况正常使用极限状态计算

5.3.1 体外预应力加固混凝土受弯构件的持久状况正常使用极限状态计算,应符合下列规定:

1 应分别按荷载效应的标准组合与准永久组合对使用极限状态的结构构件进行验算。计算时永久荷载应计入加固新增恒载。预应力作用对应的荷载分项系数为1.0,当为超静定结构时尚应计入由预应力引起的次效应。

2 体外预应力加固受弯构件按下列三种情况设计:

1) 全预应力混凝土加固结构:在作用短期组合下控制截面边缘不容许出现拉应力。

2) A类预应力混凝土加固结构:在作用短期组合下控制截面边缘出现不超过限值的拉应力。

3) B类预应力混凝土加固结构:在作用短期组合下控制截面边缘可出现超过限值的拉应力,但裂缝的宽度应小于限值。

3 体外预应力加固混凝土结构弹性内力分析时,应采用换算截面几何性质;弹性内力分析时,全预应力构件和A类预应力构件应采用换算截面几何性质,B类预应力构件应采用开裂的换算截面几何性质。

条文说明:按照《公路钢筋混凝土及预应力混凝土桥涵设计规范》(JTG 3362)的规定,在持久状况正常使用极限状态计算时,汽车荷载不计入冲击作用。本条要求计入冲击作用,是考虑我国公路交通量普遍增大而附加的效应放大系数。

5.3.2 体外预应力钢筋的张拉控制应力应符合下列要求:

1 钢绞线、高强钢丝

$$\sigma_{\mathrm{con,e}} \leqslant 0.65 f_{\mathrm{pk,e}} \qquad (5.3.2\text{-}1)$$

2 精轧螺纹钢筋

$$\sigma_{con,e} \leqslant 0.75 f_{pk,e} \qquad (5.3.2\text{-}2)$$

式中：$\sigma_{con,e}$——体外预应力钢筋的锚下张拉控制应力；

$f_{pk,e}$——体外预应力钢筋的抗拉强度标准值。

条文说明：体外预应力钢筋的预应力损失比体内有黏结预应力钢筋的要小，同时考虑到转向处的局部疲劳不利作用，体外筋的张拉控制应力应适当降低，以避免体外束长期处于高应力状态下工作。建议其最大张拉控制应力值比公路桥规中规定的限值降低15%左右。

5.3.3 体外预应力钢筋的预应力损失可按下列规定计算。

1 体外预应力加固混凝土构件，应考虑由下列因素引起的预应力损失：

1) 体外索在转向和锚固构造管道内的摩擦引起的预应力损失 σ_{l1}。

2) 锚具变形、预应力钢筋内缩和接缝压密 σ_{l2}。

3) 采用分批张拉时，混凝土的弹性压缩 σ_{l4}。

4) 预应力钢筋的应力松弛 σ_{l5}。

5) 混凝土的收缩和徐变 σ_{l6}。

预应力损失值宜根据试验确定，当无可靠试验数据时，可按本标准5.3.3条的规定计算。

2 体外预应力钢筋在转向和锚固构造管道内的摩擦引起的预应力损失，可按下式计算：

$$\sigma_{l1} = \sigma_{con,e}[1 - e^{-(kx+\mu\theta)}] \qquad (5.3.3\text{-}1)$$

式中：x——张拉时体外束与管道的接触长度(m)，两端张拉时取累计长度的一半；

θ——自张拉端的管道累计偏转角(rad)；

k——单位长度管道轴线局部偏差的摩擦系数(1/m)，可按表5.3.3取值；

μ——体外预应力钢筋与曲线管道的摩擦系数，可按表5.3.3取值。

表5.3.3 体外预应力钢筋的 k 与 μ 值

钢绞线和管道类型	k	μ
无黏结钢绞线或PE包覆填充型环氧涂层钢绞线穿过钢管	0	0.08～0.10
光面钢绞线穿过钢管	0	0.20～0.30
无黏结钢绞线或填充型环氧涂层钢绞线穿过HDPE管	0	0.04～0.08
光面钢绞线穿过HDPE管	0	0.12～0.15

注：体外预应力孔道摩阻损失的计算，仅需考虑转向和锚固段的管道，体外束自由段的摩阻为0。系数 k 和 μ 宜根据实测确定，当无可靠实测数据时可按照本表取值。

3 传力锚固时，锚具变形和预应力钢筋内缩引起的预应力损失值，可按下列公式计算：

$$\sigma_{l2} = \frac{\Delta l}{l} E_{p,e} \qquad (5.3.3\text{-}2)$$

式中：$E_{p,e}$——体外预应力钢筋的弹性模量；

Δl——对钢绞线夹片锚可取6mm，对带螺帽的锚具可取1mm；

l——预应力钢筋的计算长度。

4 分批张拉引起的混凝土弹性压缩预应力损失，可按下式估算：

$$\sigma_{l4} = \frac{m-1}{2}\alpha_{EP}\Delta\sigma_{pc} \qquad (5.3.3\text{-}3)$$

式中：α_{EP}——体外预应力钢筋的弹性模量与混凝土弹性模量的比值；

$\Delta\sigma_{pc}$——在计算截面先张拉的体外预应力钢筋重心处，由后张拉每一批体外预应力钢筋产生的混凝土法向应力的平均值；

m——体外预应力钢筋分批张拉的次数。

5 钢筋松弛引起的预应力损失终极值，可按下列公式计算：

1) 预应力钢丝、钢绞线

$$\sigma_{l5} = \psi\zeta\left(0.52\frac{\sigma_{p,ei}}{f_{pk,e}} - 0.26\right)\sigma_{p,ei} \qquad (5.3.3\text{-}4)$$

式中：ψ——张拉系数，一次张拉时，取 $\psi=1.0$；超张拉时，取 $\psi=0.9$；

ζ——体外预应力钢筋松弛系数，Ⅰ级松弛（普通松弛），$\zeta=1.0$；Ⅱ级松弛（低松弛），$\zeta=0.3$；

$\sigma_{p,ei}$——传力锚固时体外预应力钢筋的应力，$\sigma_{p,ei}=\sigma_{con,e}-\sigma_{l1}-\sigma_{l2}-\sigma_{l4}$；

$f_{pk,e}$——体外预应力钢筋的抗拉强度标准值。

2) 精轧螺纹钢筋

一次张拉：

$$\sigma_{l5} = 0.05\sigma_{con,e} \qquad (5.3.3\text{-}5)$$

超张拉：

$$\sigma_{l5} = 0.035\sigma_{con,e} \qquad (5.3.3\text{-}6)$$

6 混凝土收缩和徐变引起的预应力损失，可参照现行《公路钢筋混凝土及预应力混凝土桥涵设计规范》(JTG 3362)进行计算。

7 体外预应力钢筋的有效预应力 $\sigma_{pe,e}$ 可按下式计算：

$$\sigma_{pe,e} = \sigma_{con,e} - (\sigma_{l1}+\sigma_{l2}+\sigma_{l4}+\sigma_{l5}+\sigma_{l6}) \qquad (5.3.3\text{-}7)$$

条文说明：对体外预应力钢筋，如采用无黏结钢绞线束，管道一般为无黏结钢绞线的PE套管；如采用光面钢绞线束，管道一般为钢管或HDPE管；管道的累计计算长度，指钢束在转向和锚固构造内的累计接触长度。由于管道的累计计算长度很短，摩擦系数 k 的影响一般可忽略不计，其反摩阻的问题也无需考虑。

5.3.4 体外预应力加固混凝土受弯构件的抗裂验算与裂缝宽度验算可按下列规定进行。

1 正截面抗裂验算

1) 体外预应力加固的全预应力混凝土构件，在作用（或荷载）短期效应组合下：

整体浇筑或整体预制构件：

$$\sigma_{st} - 0.85\sigma_{pc} \leqslant 0 \qquad (5.3.4\text{-}1)$$

分段浇筑或节段拼装构件：

$$\sigma_{st} - 0.80\sigma_{pc} \leqslant 0 \qquad (5.3.4\text{-}2)$$

2) 体外预应力加固的部分预应力混凝土 A 类构件，在作用（或荷载）短期效应组合下：

$$\sigma_{st} - \sigma_{pc} \leqslant 0.7f_{tk0} \qquad (5.3.4\text{-}3)$$

但在作用(或荷载)长期效应组合下：

$$\sigma_{lt} - \sigma_{pc} \leqslant 0 \tag{5.3.4-4}$$

式中：σ_{st}——在作用(或荷载)短期效应组合下，构件抗裂验算截面边缘混凝土的法向拉应力；

σ_{lt}——在作用(或荷载)长期组合下，构件抗裂验算截面边缘混凝土的法向拉应力；

σ_{pc}——有效预应力在构件抗裂性验算截面边缘产生的混凝土预压应力；

f_{tk0}——原梁混凝土的轴心抗拉强度标准值。

2 斜截面抗裂验算

斜截面抗裂应对混凝土的主拉应力 σ_{tp} 进行验算，并考虑主压应力 σ_{cp} 的影响。在作用(或荷载)短期效应组合下，主拉应力应满足：

$$\sigma_{tp} \leqslant \begin{cases} \lambda f_{tk} & \sigma_{cp} \geqslant 0 \\ \lambda(1 - |\sigma_{cp}|/f_{ck})f_{tk} & \sigma_{cp} \leqslant 0 \end{cases} \tag{5.3.4-5}$$

式中：f_{ck}——混凝土抗压强度标准值；

σ_{tp}、σ_{cp}——在作用(或荷载)短期效应组合和预加力产生的混凝土主拉、主压应力，可参照现行《公路钢筋混凝土及预应力混凝土桥涵设计规范》(JTG 3362)进行计算；

λ——混凝土抗拉强度折减系数。对于体外预应力加固的全预应力混凝土构件，当采用整体浇筑或整体预制时取为 0.6，当采用分段浇筑或分段预制时取为 0.4；对于体外预应力加固的部分预应力混凝土 A 类构件和允许开裂的 B 类构件，当采用整体浇筑或整体预制时取为 0.7，当采用分段浇筑或分段预制时取为 0.5。

3 裂缝宽度验算

1) 体外预应力加固的 B 类预应力混凝土构件，在正常使用极限状态下的裂缝宽度，应按荷载短期效应组合并考虑长期效应的影响进行验算。

2) 体外预应力加固 B 类预应力混凝土构件，其计算的最大裂缝宽度不应超过下列规定的限值：

（1） 原结构为钢筋混凝土构件

Ⅰ类和Ⅱ类环境　　　　　　　　　　　　0.20mm
Ⅲ类和Ⅳ类环境　　　　　　　　　　　　0.15mm

（2） 原结构为预应力混凝土构件

Ⅰ类和Ⅱ类环境　　　　　　　　　　　　0.10mm

3) 整体式 B 类体外预应力混凝土梁的裂缝宽度计算，可按现行《公路钢筋混凝土及预应力混凝土桥涵设计规范》(JTG 3362)的规定进行。

4 挠度验算

1) 体外预应力加固混凝土梁在正常使用极限状态下的挠度，可根据给定的截面刚度用结构力学方法计算。

2) 在计算原桥由短期荷载效应和预应力效应引起的长期挠度时，挠度长期增长系数 η'_θ 应按下式计算：

$$\eta'_\theta = 1 + \frac{\eta_\theta - 1}{3} \tag{5.3.4-6}$$

式中：η'_θ——原桥的挠度长期增长系数；

η_θ——挠度长期增长系数，同现行《公路钢筋混凝土及预应力混凝土桥涵设计规范》(JTG 3362)。

3) 体外预应力加固混凝土梁挠度计算和验算的其他规定,同现行《公路钢筋混凝土及预应力混凝土桥涵设计规范》(JTG 3362)。

条文说明:在不同环境类别下,体外预应力加固的钢筋混凝土构件和 B 类预应力构件的正截面抗裂验算控制指标,均同现行《公路钢筋混凝土及预应力混凝土桥涵设计规范》(JTG 3362)。考虑到原桥对于耐久性的要求可以适当放宽,因而正截面抗裂验算控制指标可适当降低。同时考虑到原桥混凝土可能存在损伤或缺陷,不宜对其施加过大的预压应力。

箱梁腹板处于剪应力和正应力共同作用的平面应力状态,主压应力 σ_{pc} 的增大会导致混凝土抗拉能力的降低。本条对于腹板开裂的验算,参考欧洲规范 Eurocode,采用与腹板平面应力状态相适应的双轴强度准则(图 5-5)。

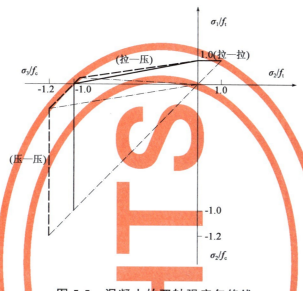

图 5-5 混凝土的双轴强度包络线

5.4 施工短暂状况的构件应力计算

5.4.1 体外预应力加固施工过程的短暂状况构件应力计算,应参照现行《公路钢筋混凝土及预应力混凝土桥涵设计规范》(JTG 3362)进行,计算时应考虑加固过程中的结构状态、临时支架及施工荷载。

5.5 体外预应力钢筋的疲劳应力计算

5.5.1 在活载作用下,体外预应力钢筋的应力幅可通过有限元分析确定或按下式进行简化计算:

$$\Delta\sigma_{pe,e} = \frac{qL_0^3 E_{p,e}}{12 E_{c0} I_0 L_{pe}} [e_m - \lambda^2 (2-\lambda)(e_m + e_s)] \quad (5.5.1)$$

式中:$\Delta\sigma_{pe,e}$——活载作用下体外预应力钢筋的应力幅;

q——$q=q_1+q_2$,q_1 为车道荷载的均布荷载,q_2 为车道荷载的集中荷载 P_k 产生的等效均布荷载($q_2=2P_k/L_0$);

$E_{p,e}$——体外预应力钢筋的弹性模量;

E_{c0}——原梁混凝土的弹性模量;

e_m、e_s——体外束跨中水平段、梁端锚固点至原梁换算截面形心的距离,e_m 以跨中水平段体外束位于截面形心轴下方为正值,e_s 以体外束梁端锚固点位于截面形心轴上方时为正值,见图 5.5.1;

I_0——原梁跨中断面的换算惯性矩；

L_{pe}——计算跨径内的体外预应力钢筋长度；

L_0——计算跨径；

λ——$\lambda = L_1/L_0$，其中 L_1 为体外预应力钢筋转向弯起段的水平投影长度。

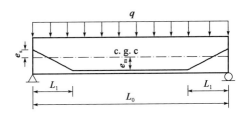

图 5.5.1 体外预应力钢筋疲劳应力幅计算图示

5.5.2 体外预应力钢筋的应力幅应满足下列规定：

1 当转向处曲率半径大于 9m 时，钢绞线应力幅不应超过 125MPa。

2 当转向处曲率半径小于 3.6m 时，钢绞线应力幅不应超过 70MPa。

3 当转向处曲率半径大于 3.6m 且小于 9m 时，钢绞线应力幅的限值可以通过内插确定。

条文说明：本条给出的体外束应力幅限值，参考自国外相关规范。对于在箱室内或梁底布置布索的情形，体外索的偏心距一般较小，活载作用下体外预应力钢筋应力幅度较小（一般小于 20MPa）；对于矮塔斜拉加固布索的情形，此时体外索偏心距较大，活载作用下体外预应力钢筋应力幅度将较明显。

5.6 体外索布置原则

5.6.1 体外索索体选型时，宜考虑以下因素：

1 每束钢绞线数量选择应考虑锚固区局部承压、转向块受力、千斤顶张拉作业、失效风险等因素。单束体外索的钢绞线数量不宜超过 19 根。

2 索体选择应考虑体外索运输、整体穿索、张拉等施工条件。每束钢绞线数量较少时，宜采用成品索。

条文说明：成品索需要整体穿束、整体张拉，而散索可单根穿束、单根张拉，因此后者可适用于穿索条件有限、操作困难或张拉空间有限的情形。

5.6.2 混凝土锚固区可选用铸造式锚具或钢板式锚具；钢结构锚固区宜选用钢板式锚具。

5.6.3 体外索线形设计时，应考虑结构、受力特点，并预留张拉空间。

条文说明：体外索合理布置是体外预应力加固构造设计的关键，可根据加固受力需求采用直线、双折线或多折线等布置方式（图 5-6）。体外索锚块和转向块的位置决定体外索的布置线形。应优先考虑利用原结构的横隔板作为体外束的转向或锚固装置。必要时需要新增锚固块或转向块时，应选择合适的纵桥向和截面布置位置，保证体外预应力的可靠传递，减小对原结构的不利影响，并兼顾体外预应力的作用效率。

5.6.4 对于多跨连续梁，体外索可采用分束、分段交叉布置，连续布置的体外索长度不宜超过 180m。折线形体外索的转向块，宜布置在距梁端 1/4～1/3 跨径范围内。

5.6.5 体外索在转向块处的弯折转角不宜大于 20°。

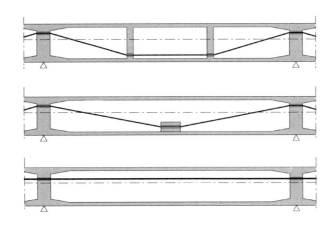

图 5-6 体外索的典型线形布置

5.6.6 体外索之间的净距不宜小于 100mm。

5.6.7 体外索在锚固块与转向块之间或两个转向块之间的自由段长度不宜大于 7.5m，超过该长度应设置减振装置或定位装置（图 5.6.7）。减振装置处钢束与护套间应用隔振材料填实。

条文说明：体外预应力钢筋在活载作用下的振动，会在转向和锚固构造处产生附加弯曲应力，并影响到锚具夹片，从而降低钢绞线的疲劳强度。为了克服振动的不利影响，应在一定的距离内设置减振装置。

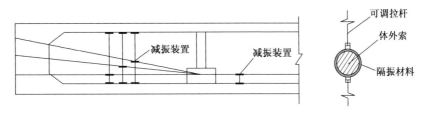

图 5.6.7 体外索减振装置示意

5.7 转向构造

5.7.1 体外索转向块应根据结构特点和受力进行布置：

1 T形或I形截面梁，转向块宜在腹板两侧对称布置。

2 箱形截面梁，转向块宜对称布置在顶、底板与腹板交界处。

3 当原结构横隔梁满足受力要求时，可利用其设置转向构造（图 5.7.1）。

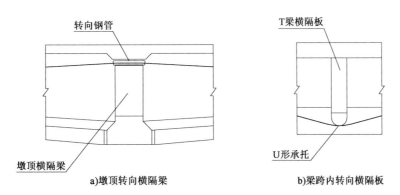

a) 墩顶转向横隔梁　　　　b) 梁跨内转向横隔板

图 5.7.1 利用原有结构横隔梁作为转向构造示意

条文说明：最大限度地利用原梁的横隔梁（墙）作为体外索的转向装置，可以保证传力的可靠，并减少新增转向块的数量，减小对原结构的损伤。

5.7.2 混凝土转向块构造（图5.7.2）宜按如下种类选取：

1 块式转向构造，适用于转向钢束数量较少的情况，或用于两个转向构造之间钢束的定位。

2 横肋式转向构造，适用于横向转向力较大的情况，或用于两个转向构造之间钢束的定位。

3 竖肋式转向构造，适用于竖向转向力较大的情况。

4 横梁式转向构造，适用于竖、横向转向力较大的情况。

条文说明：肋式转向块的优点是能通过混凝土的受压把一部分的转向力传至箱梁的腹板和顶板，可分担植入钢筋的受力，具有较好的受力保障，其缺点是增加了恒载，模板构造较为复杂。块式转向块的特点是仅在顶板、底板根部设置很小的混凝土块，给结构施加的附加荷载小，模板简单，但承载能力较横隔板式和肋式转向块的小。

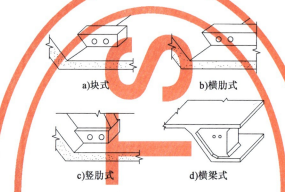

图5.7.2 混凝土转向块的构造示意

5.7.3 混凝土块式转向构造应通过植筋设置内环和外环箍筋（图5.7.3），内环箍筋围住单个转向器，外环箍筋沿转向构造周边围住所有转向器。箍筋直径不宜小于16mm，纵向间距不宜大于150mm。

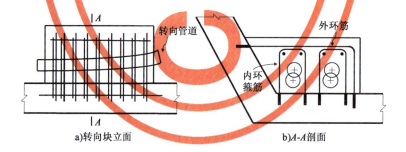

图5.7.3 混凝土转向块的配筋构造示意

条文说明：对直接受力的内环筋，在植筋时应采用U形箍筋。虽然在转向块设计计算时，偏于安全而不考虑外环筋的作用，但仍然需要布置一定数量的外环筋，以满足转向块混凝土抗裂的要求。

5.7.4 转向块采用钢结构（图5.7.4）时，应通过锚栓将其锚固。

条文说明：对于新增混凝土转向块，考虑到在箱体内进行混凝土浇筑施工的难度一般较大，因而混凝土浇筑质量难以得到保证。而钢结构转向块施工方便、快捷，可先在箱室外完成钢结构的分块制作，再在箱室内组拼、安装，因此在加固中值得提倡。钢制转向块由钢板或型钢焊接而成，应保证焊接质量，以保证转向块的正常工作。对于钢制肋式转向块，为保证受力均匀、可靠，竖向肋板的数量不应少于4片，并应采用双面焊。必须将转向器与肋板在精确定位后焊接，以保证转向器在转向力作用下不发生错动。

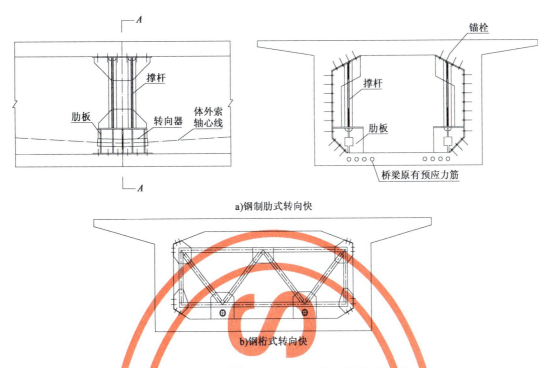

图 5.7.4 箱梁桥加固中钢制转向块构造示意

5.7.5 体外索转向器应满足下列最小弯曲半径要求：

1 集束式转向器

$$R_{\min} \geqslant \max\{22D, 580d\} \quad (5.7.5\text{-}1)$$

2 散束式转向器

$$R_{\min} \geqslant 580d \quad (5.7.5\text{-}2)$$

式中：$R_{\min}$——体外索转向器的最小弯曲半径；

D——集束式体外索外护套半径；

d——预应力钢绞线中单根钢丝的最大直径。

条文说明：在转向块与预应力筋的接触区域，由于横向挤压力的作用和预应力筋弯曲后产生的内应力，预应力筋的强度将下降。本条款参照 CEB-FIP 规范，对体外索转向器最小弯曲半径作出了限制。同时，转向器管口应做成喇叭口，以消除安装、施工的误差所产生的附加应力，同时可以减少体外索外套管的磨损。

5.8 锚固构造

5.8.1 张拉空间、构造及受力满足要求时，宜将原桥横梁作为锚固区（图 5.8.1）。齿块锚固区宜布置在顶、底板与腹板交界处。箱室内净空高度小于 1.2m 时，不宜在箱内设置锚固区。

条文说明：最大限度地利用原梁的横隔梁（墙）作为体外索的锚固装置，可以保证传力的可靠，并减小新增锚固块的数量，减小对原结构的损伤。但是应考虑在梁端是否存在足够的张拉空间。

5.8.2 混凝土锚固构造宜选用块式或横梁式锚固块（图 5.8.2）。

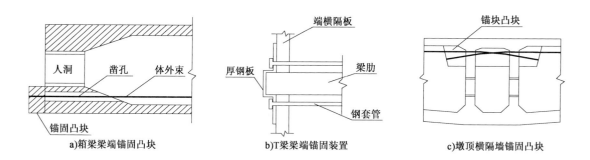

图 5.8.1 原有结构横隔板(墙)处锚固构造示意

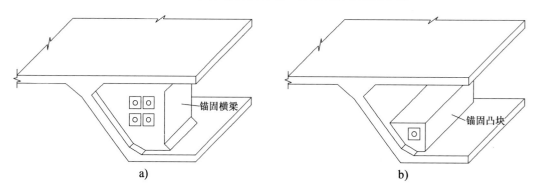

图 5.8.2 混凝土锚固块构造示意

条文说明：体外预应力锚固构造，是保证体外预应力体系安全、耐久的关键构造。体外预应力钢筋宜锚固在横隔梁（墙）上，也可锚固于布置在腹板与顶板或底板交界处的块式锚固块上。

5.8.3 块式锚固块的平面尺寸应根据锚具布置尺寸、张拉空间等要求确定，锚固块的纵向长度可按锚固力传递至箱梁板壁所需长度确定，且宜大于 3 倍锚固块高度。

条文说明：为提高体外索的抗弯效率，一般尽量将体外索靠近梁底或梁顶布置，但为了满足锚固端端面锚具布置和张拉时千斤顶安放的空间要求，需要将体外索抬头，即使用锯齿式锚固块进行体外索的锚固。一般通过植入钢筋的水平剪切来传递锚固力，因此锚固块的纵向长度由植筋区域范围的长度决定。

5.8.4 块式锚固块应通过植筋设置内环和外环箍筋（图 5.8.4），箍筋直径不宜小于 16mm，纵向间距不宜大于 150mm。

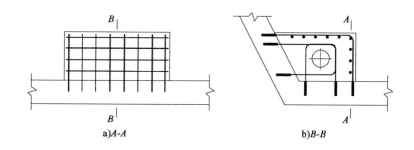

图 5.8.4 块式锚固块的钢筋布置示意

条文说明：对于布置于梗腋处的块式锚固块，可以在腹板与顶底板交界处植入 U 形箍筋，植筋的深度容易保证，而且原结构预应力筋的干扰小。

5.8.5 横梁式锚固块的厚度应根据锚具埋置深度和钢束转向所需长度确定，不宜小于 1000mm；横梁式锚固块的平面尺寸，应根据锚具布置尺寸、张拉空间等要求确定。

5.8.6 横梁式锚固块应通过植筋在横梁前后表面设置钢筋网(图5.8.6),钢筋直径不宜小于16mm,纵向间距不宜大于150mm。

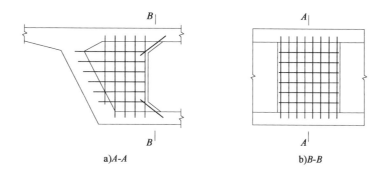

图5.8.6 锚固横梁的整体受力钢筋布置示意

条文说明:需要在箱梁顶底板和腹板植入纵横向钢筋,以平衡锚固力在横梁内传递时引起的拉应力。当一根竖向钢筋同时植入顶板和底板操作困难时,可采用两根短钢筋分别植入顶板和底板,搭接后焊接。

5.8.7 锚固块采用钢结构(图5.8.7-1～图5.8.7-4)时,宜通过锚栓将其锚固。

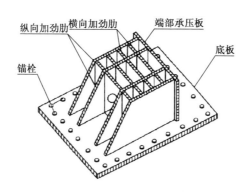

图5.8.7-1 钢制锚固块构造示意

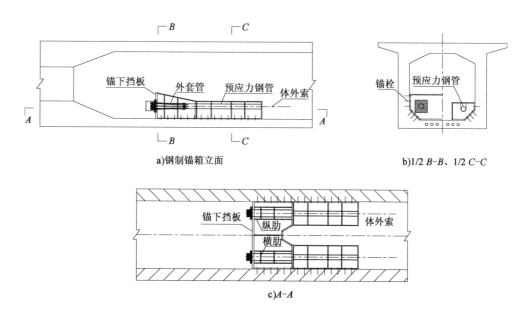

图5.8.7-2 钢锚箱构造示意1

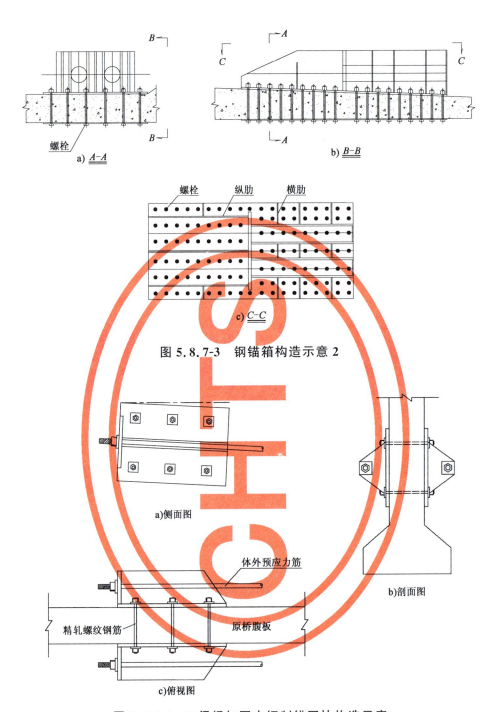

图 5.8.7-3 钢锚箱构造示意 2

图 5.8.7-4 T梁桥加固中钢制锚固块构造示意

6 加固施工

6.1 一般规定

6.1.1 实施性施工组织设计包括以下内容：工程概况、施工方案、资源配置、质量安全管理、环境保护等。

6.1.2 技术复杂、安全风险高的项目应编制专项方案。

6.1.3 根据加固工程的规模和复杂程度，采取相应的施工监控措施。

6.1.4 桥梁体外预应力加固施工可参照图 6.1.4 的一般流程进行。

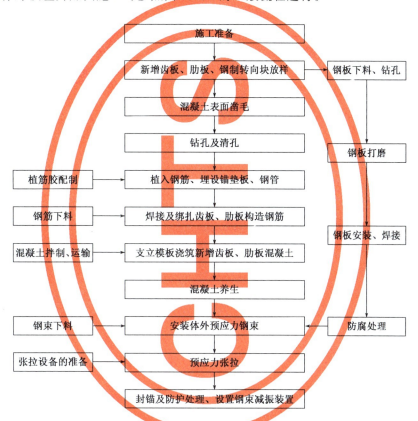

图 6.1.4 桥梁体外预应力加固施工的一般流程

6.2 施工准备

6.2.1 人员、材料和设备应符合下列要求：

1 应对施工人员进行技术交底、安全培训。

2 材料进场应进行检验，其结果符合国家及行业现行有关标准。

3 施工用仪器、设备应按相关规定进行校验、标定。

6.2.2 安全措施应符合下列要求：

1 箱室内施工时，应采取通风、照明、防尘、防毒和防火措施。

2 箱室内不应存放易燃、易爆物品。

6.3 施工测量

6.3.1 按照设计图对体外预应力钢筋、转向块、锚固块、减振装置、凿孔位置、植筋位置进行测量放样。

6.3.2 应探明钻孔、凿孔和植筋区域原桥预应力钢筋或主筋的位置。

6.4 转向块及锚固块施工

6.4.1 新旧混凝土界面处理应符合下列要求：

1 转向块和锚固块的新旧混凝土交接面应进行凿毛处理。

2 在新增锚固块与新旧混凝土交接面应开凿剪力槽，剪力槽的深度不宜大于原桥钢筋保护层厚度，宽度不宜小于50mm，纵向中心距不宜大于300mm。

6.4.2 横隔板钻孔及清孔应符合下列要求：

1 宜采用水钻成孔，严禁伤及原结构的预应力钢筋。

2 清除孔壁的粉尘和积水等，保持孔内干燥。

6.4.3 钢筋或锚栓可按本指南附录A、附录B进行植筋和锚栓施工。钻孔位置与原结构预应力钢筋冲突时，应适当调整钻孔位置，严禁伤及原结构的预应力钢筋。

6.4.4 钢制转向器应与附近的钢筋焊接，并在空隙处灌注水泥砂浆或环氧砂浆。

6.4.5 混凝土浇筑应振捣密实、一次成型，保温保湿养生时间不宜少于7d。

6.4.6 钢结构锚固块和转向块的施工，应符合以下规定：

1 在箱室外完成钢构件的制作、组拼和涂装。

2 打磨并清理钢构件与原桥混凝土的接合面。

3 种植锚栓，可按本指南附录B进行施工。

4 在混凝土和钢板之间预涂胶黏剂；钢结构安装后，再灌注胶黏剂。

6.5 体外预应力施工

6.5.1 体外预应力施工可按如图6.5.1所示的一般流程进行。

图6.5.1 体外预应力施工一般流程

6.5.2 预应力钢筋的运输和储存应防止锈蚀、损坏。

6.5.3 体外索下料应符合下列要求：

1 体外索下料长度可按下式计算：

$$L = L_0 + 2L_1 \qquad (6.5.3)$$

式中：L——体外索的下料长度；

L_0——两端垫板底面之间的中心线长度；

L_1——锚固端（单端）张拉时的工作长度。

2 体外预应力钢筋下料时，应采用砂轮锯或切断机等机械方式切割，并避免电火花损伤。

条文说明：考虑体外索垂度的影响，体外索的工作长度适当增大。禁止采用电弧切割预应力钢筋，因为高温作用易使预应力筋的抗拉强度降低。

6.5.4 体外索穿束应符合下列要求：

1 剥除体外索两端的防护层，并将裸露钢绞线的油脂清除干净。防护层的剥除长度应根据进入密封筒的最小长度、钢绞线张拉伸长量以及工作长度计算确定；张拉后体外索防护层进入密封筒的最小长度不宜小于100mm。

2 在穿束过程中应采取保护措施，减少体外索护套的损伤。

3 应保证穿入预应力管道和转向器的各股钢绞线顺直、无交叉。

条文说明：为保证钢绞线与夹片之间的握裹力，应剥除体外索两端的PE（聚乙烯，Polyethlene）护层并将油脂清除干净。依据索的自重与现场条件，可使用机械牵引或人工牵引方式进行穿束。穿束前，应对每根索进行编号，并在穿束过程中及时调整索体的位置，防止其相互扭结，保证体外索顺直无交叉地穿过预应力管道和转向器。穿束前，可在转向器管道壁上涂抹油脂，以减少穿束过程中体外索护套的损伤。

6.5.5 体外索张拉应符合下列要求：

1 混凝土养护龄期不少于7d，混凝土强度达到设计强度的90%及以上，方可张拉。

2 体外索的张拉可分为2个阶段：

1）预紧：$0 \to 20\%\sigma_{con}$（初始张拉力）。在正式张拉前，应对体外索进行预紧。确认体外索绷紧顺直不缠绕、锚具定位准确后，方可正式张拉。

2）正式张拉：$20\%\sigma_{con} \to 50\%\sigma_{con} \to 80\%\sigma_{con} \to 100\%\sigma_{con}$（持荷2min锚固）。张拉过程中遵循同步、对称、两端同时张拉的原则。张拉方法按现行《公路桥涵施工技术规范》（JTG/T F50）的相关规定执行。

3 张拉过程中，应对原桥和新增结构进行同步监测，异常时应立即终止张拉。

4 张拉采取以张拉力控制为主、张拉伸长值校核的双控法，实测伸长值与理论计算伸长值的偏差应控制在±6%之内。

条文说明：为了保证新旧混凝土的共同工作，对张拉时新增结构混凝土强度的要求高于一般后张预应力混凝土结构。

正式张拉前先要进行预紧张拉，保证体外索从松弛状态到绷紧后顺直不缠绕。预紧时，应安排人员对索体的位置进行调整，如有缠绕的现象，及时进行纠正。两端应同时预紧，保证两端体外索的工作长度相差不大。预应力钢筋的张拉方法，应根据设计要求采用一端张拉或两端张拉。代替无黏结预应力钢筋两端同时张拉工艺，采取先在一端张拉锚固，在另一端补足张拉时，需观测另一端锚具夹片是否有移动，经论证无误后可以达到基本相同的预应力效果后，才可以使用。在张拉过程中，应同步监测原结构的应力状态和挠度发展情况、新老混凝土结合面的情况以及局部裂缝情况，确保施工安全和加固效果的实现。

对于超长体外预应力束，一个行程往往不能张拉到位，而需多次倒顶进行张拉。为防止反复张拉锚固致使工作锚夹片锚固效率降低或失效,可采用"悬浮"张拉施工工艺。该工艺的原理是在千斤顶后部或前部增加一套过渡工具锚及过渡撑脚,并在工作锚后设限位装置,使得整个张拉过程中工作锚夹片始终处于放松状态。在每个行程回油后均有过渡工具锚夹片锁紧钢绞线,多次倒顶,直至张拉至设计应力后锚固。由于限位装置的作用,在张拉过程中,工作锚夹片不至于退出锚孔,在回油倒顶时,工作锚夹片不会咬住钢绞线,工作锚夹片始终处于"悬浮"状态,在张拉到位后,旋紧限位装置的螺母,压紧工作锚夹片,随后千斤顶卸压回油,使工作锚夹片锚固钢绞线。"悬浮"张拉施工工艺的布置如图 6-1 所示。

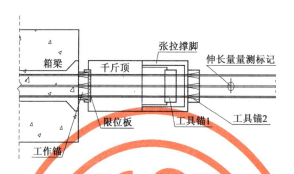

图 6-1 "悬浮"张拉施工工艺示意

6.6 减振装置安装

6.6.1 张拉完成后安装减振装置。

6.6.2 减振装置与主体结构应连接可靠。

6.6.3 焊接减振装置时应采取防火、隔热措施。

6.7 防腐及防锈处理

6.7.1 应按设计要求在锚具喇叭管内和外套筒内灌注防腐材料。

条文说明:成品索一般自带防腐措施,无需在张拉后进行专门的防腐处理。当采用非成品索或钢束本身没有防腐功能时,可对预应力钢筋采取如下保护措施:对于精轧螺纹钢筋,可采用二度防锈的方法进行防护,也可套入聚乙烯管进行防护;对于钢绞线,则应事先套入套管,然后进行压浆防腐处理。

6.7.2 防护套破损处应采用同类防护材料进行修补。

6.7.3 新增钢结构应进行防锈蚀处理。

6.7.4 体外索张拉施工完成并验收合格后,应预留后期更换或调索的长度。

6.7.5 体外预应力锚具应设置全密封防护罩。

6.8 施工监测

6.8.1 应对体外预应力加固施工过程采取必要的施工监测措施,主要监测内容应包括:

1 索力监测。

2 加固结构各工况的应力和变形监测。

3 裂缝观测。

4 结合面观测。

条文说明：桥梁加固施工是对在役桥梁缺陷和病害的处理，与新建桥梁相比，情况更复杂，安全施工在加固中尤为重要。必须加强施工前的复查和施工中的观测和检查，及时反馈信息指导施工。在施工前，若发现原结构或相关工程隐蔽部位的构造有严重缺陷或与设计不相符的情况，应通知设计单位修改方案。施工过程中若出现异常变形、裂缝等情况，应立即停止施工，采取有效措施进行处理，经确认后方可继续施工。

6.9 施工安全

6.9.1 桥梁加固应严格遵守安全操作规程，特殊工种应持证上岗。

6.9.2 在植筋等采用化学材料施工时，应符合下列规定：

1 易燃化学品应密封保存、远离火源。
2 工作场地严禁烟火，并配备相关的消防设施。
3 施工完成后，现场及结构内不应遗留有害化学物质。

6.9.3 施工安全保障措施应符合下列规定：

1 严禁双层交叉作业；施工工地应设置安全防护设施。
2 预应力钢筋张拉时，千斤顶后方严禁站人。
3 在油泵和灌浆泵等工作中，操作人员不应离岗。
4 电气设备的使用应符合相关规范的规定。
5 电焊时操作人员应戴安全面罩，电焊、气割等涉及明火作业，应采取防火措施。

7 质量检验与验收

7.0.1 质量检验与验收应符合下列规定：

1 体外预应力加固过程中，各分项工程的验收除应符合本指南的规定外，尚应符合现行《公路工程质量检验评定标准》(JTG F80/1)、《公路桥涵施工技术规范》(JTG/T F50)和《公路桥梁加固施工技术规范》(JTG/T J23)的相关规定。

2 按《公路桥梁荷载试验规程》(JTG/T J21-01)进行荷载试验。

7.0.2 体外预应力加固的张拉控制及尺寸偏差应满足表7.0.2的要求。

表 7.0.2 体外预应力张拉控制及尺寸偏差实测项目

项次	检查项目		规定值或允许偏差	检查方法和频率
1	转向器	制造误差	偏转角±1.2°	尺量：全部
		安装误差	中心偏差±20mm，转向角±2°	
2	钢束坐标(mm)	梁长方向	±30	尺量：抽查50%
		梁高方向	±10	
3	张拉力值		符合设计要求	检查油压表读数：全部
4	张拉伸长率		符合设计要求，设计未规定时，±6%	尺量：全部
5	断丝、滑丝数	钢束	每束1根，且每断面不超过钢丝总数的1%	目测：全部
		钢筋	不允许	

7.0.3 体外预应力加固工程验收时，应提供下列文件和记录：

1 主要验收文件包括：

1) 设计文件及变更文件。

2) 原材料质量合格证书。

3) 体外预应力材料(体外预应力钢筋、锚具、转向器、减振器)质量合格证书、出厂检验报告和进场复验报告。

2 主要验收记录(见附录C)包括：

1) 植筋施工验收记录。

2) 体外预应力锚固块和转向块施工验收记录。

3) 钢制转向块及集束转向器安装验收记录。

4) 体外预应力钢筋的安装与定位验收记录。

5) 预应力钢筋的张拉记录与质量验收记录。

6) 体外预应力钢筋的防护与减振器施工验收记录。

8 养护及维修

8.1 检查与养护

8.1.1 体外预应力加固施工完成后,应定期对体外索的防护系统进行检查、监测和维护,确保体外预应力系统运营状态良好。

8.1.2 采用体外预应力加固的重要桥梁,宜建立结构健康监测系统,进行长期监测。

8.1.3 对体外预应力加固混凝土桥梁,应按现行《公路桥涵养护规范》(JTG H11)进行经常检查、定期检查和特殊检查:

1 经常检查。桥梁运营后的第一年每个月进行一次,以后每个季度一次。经常检查采用目测为主进行观察,其内容应包括:

  1) 体外索外护套是否有损伤。
  2) 体外索锚具护罩是否松脱,是否有油脂流出。
  3) 体外索是否有异常振动。
  4) 钢制构件表面的涂装层是否完好、有无损坏。

2 定期检查。时间间隔不宜大于12个月。通过目测观察结合仪器观测进行,应接近各部件仔细检查其缺损情况。定期检查的内容应包括:

  1) 经常检查的所有内容。
  2) 梁体的变形和应力等。
  3) 索力检测,抽检数量为总量的5%~10%,且不少于3根。
  4) 预应力索的腐蚀情况。

3 特殊检查。在发生意外事故、人为破坏或自然灾害造成体外索损坏时,应进行特殊检查。特殊检查应根据事件的要求组织和安排。

8.2 防护套修复

8.2.1 防护套局部破损时,经修复可继续使用。

8.2.2 防护套修复可采用热熔修复或缠包热缩带修复。

条文说明:对PE护套进行修复时,将热缩带按一定的螺距均匀地缠绕在PE管上,并应保证有足够的搭接,使得加热热封后,沿体外索轴向形成均匀的双层缠绕。在接头和换卷搭接处,应保证有75%以上的搭接,使得沿体外索轴向形成均匀的三层缠绕,并且搭接长度不小于3倍索径。

8.3 换索

8.3.1 桥梁运营期间,当出现以下情况之一时,应更换索体:

1 体外索应力损失超过设计允许误差范围,且通过补张拉仍不能达到原设计要求。

2 索体出现断丝超出安全使用范围。

3 体外索达到或接近产品的设计年限,经检测,继续运营存在安全隐患。

8.3.2 体外索换索时,应进行换索专项设计,确定换索次序、张拉力和施工工艺。

条文说明:对换索过程进行结构分析计算,确定合理的换索顺序,保证结构的内力在允许范围内。体外索的更换可按以下流程进行施工:

(1) 卸除锚具防护罩,并清除防护罩内的防腐油脂。

(2) 放松需要更换的钢绞线。如果锚具为可放松锚具,则可以通过调节螺母来放松钢绞线;如果锚具是不可放松类型,可以通过对钢绞线进行加热使其伸长从而释放出存储能量;单根钢丝可用钢丝切割机每次一根逐次截断。

(3) 抽出旧钢绞线,换入新钢绞线。采用专用的连接器将新、旧钢绞线连接,随着旧钢绞线的抽出,新钢绞线被拉入就位。

(4) 安装新夹片,张拉预应力至设计值。

(5) 对锚头进行防腐处理。切除多余的钢绞线,在锚具喇叭管内、外套筒内以及防护罩内灌入防腐油脂。

附录 A 植筋计算及施工方法

A.1 设计规定

A.1.1 本附录适用于桥梁钢筋混凝土、预应力混凝土构件的锚固。

A.1.2 采用植筋技术时,桥梁主要构件的混凝土强度等级不应低于 C30。

A.1.3 采用植筋锚固时,桥梁锚固部位混凝土若有局部缺陷,应先进行补强或加固处理后再植筋。

A.1.4 种植用钢筋的质量和性能应符合本指南第 4 章的有关规定。

A.1.5 桥梁受力植筋用植筋胶应采用 A 级胶。其质量和性能应符合本指南第 4 章的有关规定。

A.1.6 采用植筋锚固的桥梁结构,其长期使用的环境温度不应高于 60℃;对处于特殊环境(如高温、高湿、介质腐蚀等)的桥梁结构进行植筋时,除应按国家现行有关标准的规定采用相应的防护措施外,尚应采用耐环境因素作用的胶黏剂。

A.2 锚固计算

A.2.1 承重构件的植筋锚固计算应遵守下列规定:

1 植筋设计应在计算和构造上防止混凝土发生劈裂破坏。

2 植筋胶黏剂的黏结强度设计值应按本附录的规定值采用。

A.2.2 单根植筋锚固的承载力设计值应符合下列要求:

$$N_t^b = f_{sd} A_s \tag{A.2.2-1}$$

$$l_d \geqslant \psi_N \psi_{ae} l_s \tag{A.2.2-2}$$

式中:N_t^b——植筋钢筋的轴向受拉承载力设计值;

f_{sd}——植筋钢筋的抗拉强度设计值;

A_s——植筋钢筋的截面面积;

l_d——植筋锚固深度设计值;

l_s——植筋的基本锚固深度;

ψ_N——考虑各种因素对植筋受拉承载力影响而需加大锚固深度的修正系数,按本附录 A.2.4 条确定;

ψ_{ae}——考虑植筋位移延性要求的修正系数,当混凝土强度等级不高于 C30 时,对抗震设防 6 度区及 7 度区的一、二类场地,取 $\psi_{ae}=1.1$;对 7 度区三、四类场地及 8 度区,取 $\psi_{ae}=1.25$;当混凝土强度高于 C30 时,取 $\psi_{ae}=1.0$。

A.2.3 植筋的基本锚固深度 l_s 应按下式确定:

$$l_s = 0.2 \alpha_{spt} d \frac{f_{sd}}{f_{bd}} \tag{A.2.3}$$

式中:α_{spt}——防止混凝土劈裂引用的计算系数,按本附录表 A.2.3-1 确定;

d——植筋钢筋的公称直径;

f_{bd}——植筋用胶黏剂的黏结强度设计值,按本附录表 A.2.3-2 的规定值采用。

表 A.2.3-1 考虑混凝土劈裂影响的计算系数 α_{spt}

植筋直径 d(mm)	混凝土保护层厚度 c(mm)			
	25	30	35	≥40
≤20	1.0	1.0	1.0	1.0
25	1.05	1.0	1.0	1.0
32	1.15	1.1	1.1	1.05

注：当植筋直径介于表列数值之间时，可采用线性内插法确定 α_{spt} 值。

表 A.2.3-2 植筋用胶黏剂的黏结强度设计值 f_{bd}(MPa)

胶黏剂等级	构造条件	混凝土强度等级		
		C30	C40	≥C50
A 级胶	$S_1 \geq 5d$; $S_2 \geq 2.5d$	3.4	3.6	4.0
	$S_1 \geq 6d$; $S_2 \geq 3.0d$	3.6	4.0	4.5
	$S_1 \geq 7d$; $S_2 \geq 3.5d$	4.0	4.5	5.0

注：1. 当使用表中的 f_{bd} 值时，其构件的混凝土保护层厚度，应不小于现行《混凝土结构设计规范》(GB 50010)的规定值。
2. 表中 S_1 为植筋间距，S_2 为植筋边距。
3. 表中 f_{bd} 值仅适用于带肋钢筋的黏结锚固。

A.2.4 考虑各种因素对植筋受拉承载力影响而需加大锚固深度的修正系数 ψ_N，应按下式计算：

$$\psi_N = \psi_{br} \psi_w \psi_t \quad (A.2.4)$$

式中：ψ_{br}——考虑结构构件受力状态对承载力影响的系数。当为主要承重构件时，$\psi_{br}=1.5$；当为一般构件接长时，$\psi_{br}=1.15$；当为构造植筋时，$\psi_{br}=1.0$。

ψ_w——混凝土孔壁潮湿影响系数，对耐潮湿型胶黏剂，按产品说明书的规定值采用，但不应小于1.1。

ψ_t——使用环境温度(t)影响系数。当 $t \leq 60℃$ 时，取 $\psi_t=1.0$；当 $60℃ < t \leq 80℃$ 时，应采用耐中温胶黏剂，并按产品说明书规定的 ψ_t 值采用；当 $t \geq 80℃$ 时，应采用耐高温胶黏剂，并应采取有效的隔热措施。

A.2.5 承重结构植筋的锚固深度必须经设计计算确定；不宜按短期抗拔试验值或参照厂商技术手册的推荐值采用。

A.3 构造规定

A.3.1 当按构造要求植筋时，其最小锚固长度 l_{min} 应符合下列构造要求：

1 受拉钢筋锚固：$l_{min} = \max\{0.3l_s, 10d, 100mm\}$。

2 受压钢筋锚固：$l_{min} = \max\{0.6l_b, 10d, 100mm\}$。

A.3.2 当所植钢筋与原钢筋搭接(图 A.3.2)时，其受拉搭接长度 l_l，应根据位于同一连接区段内的钢筋搭接接头面积百分率，按下式确定：

$$l_l = \zeta l_d \quad (A.3.2)$$

式中：ζ——受拉钢筋搭接长度修正系数，按表 A.3.2 取值。

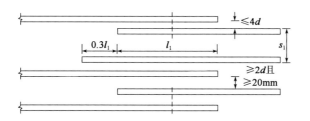

图 A.3.2　钢筋搭接

表 A.3.2　纵向受拉钢筋搭接长度修正系数

纵向受拉钢筋搭接接头面积百分率(%)	≤25	50	100
ζ 值	1.2	1.4	1.6

注：1. 钢筋搭接接头面积百分率定义按《混凝土结构设计规范》(GB 50010)的规定采用。
　　2. 当实际搭接接头面积百分率介于表列数值之间时，按线性内插法确定 ζ 值。
　　3. 对梁类构件，受拉钢筋搭接接头面积百分率不应超过50%。

A.3.3　当植筋搭接部位的箍筋间距大于100mm时，应进行防劈裂加固。此时，可采用纤维复合布材的围束作为原构件的附加箍筋进行加固。围束可采用宽度为150mm、厚度不小于0.111mm的条带缠绕而成，缠绕时，围束间应无间隔，且每一围束，其所粘贴的条带不应少于3层。对方形截面尚应打磨棱角。也可剔去原构件混凝土保护层，增设新箍筋(或钢箍板)进行加密(或增强)后再植筋。

A.3.4　新植钢筋与原有钢筋在搭接部位的净间距，应按图 A.3.2 的标示值确定。若净间距超过 $4d$，则搭接长度 l_l 应增加 $2d$，但净间距不应大于 $6d$。

A.3.5　用于植筋的钢筋混凝土构件，其最小厚度 h_{min} 应符合下列规定：

$$h_{min} \geq l_d + 2D \tag{A.3.5}$$

式中：D——钻孔直径设计值(mm)，应按表 A.3.5 确定。

表 A.3.5　植筋直径与对应的钻孔直径设计值

钢筋直径 d(mm)	钻孔直径设计值 D(mm)	钢筋直径 d(mm)	钻孔直径设计值 D(mm)
12	15	22	28
14	18	25	31
16	20	28	35
18	22	32	40
20	25		

A.3.6　植筋时，其钢筋宜先焊后种植；若有困难而必须后焊，其焊点距基材混凝土表面应大于 $15d$，且应采用冰水浸渍的湿毛巾包裹植筋外露部分的根部。

A.4　施工方法

A.4.1　施工工艺流程见图 A.4.1。

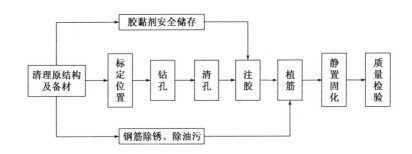

图 A.4.1 植筋施工工艺流程图

A.4.2 植筋用胶黏剂应符合下列要求：植筋用胶黏剂分管式和机械注入式两种，其性能应符合本指南第 4 章的相关规定。施工时应注意材料和配胶方式的相互配套，不应在现场配制植筋用胶黏剂。

A.4.3 植筋定位、钻孔应符合下列要求：

1 钻孔前可用钢筋探测仪探测桥梁构件植筋部位钢筋位置，或凿去保护层暴露钢筋，若植筋孔位处存在钢筋，则应适当调整钻孔位置。

2 钻孔施工遇到钢筋或预埋件时应立即停钻，并适当移动钻孔孔位；若调整太大，应及时通知设计单位予以处理。

A.4.4 清洁孔壁、钢筋可采用下列方法：

1 先将喷嘴伸入成孔底部并吹入洁净无油的压缩空气，向外拉出喷嘴，反复 3 次。

2 将硬毛刷插入孔中，往返旋转清刷 3 次。

3 再将喷嘴伸入钻孔底部吹气，向外拉出喷嘴，反复 3 次。

4 对要植入钢筋上的锈迹、油污进行除锈与清理。

5 植筋前用丙酮或工业酒精擦拭孔壁、孔底和植入的钢筋。

A.4.5 植筋注胶应符合下列要求：

1 植筋用胶黏剂应采用专用灌注器或注射器进行灌注，灌注量一般为孔深的 2/3，并应保证在植入钢筋后有少许胶黏剂溢出。

2 注入胶黏剂后应立即单向旋转插入钢筋，直至达到设计的深度，并保证植入钢筋与孔壁间的间隙基本均匀，校正钢筋的位置和垂度。

A.4.6 静置固化应符合下列要求：胶黏剂完全固化前，不应触动或振动已植钢筋，以免影响其黏结性能。

A.5 施工质量检验

A.5.1 钻孔应符合下列要求：钻孔直径应满足表 A.3.5 的要求，直径允许偏差为 +2mm、-1mm；钻孔深度的允许偏差为 +10mm、-0mm；垂直度的允许偏差为 3°；位置的允许偏差为 ±5mm。

A.5.2 植筋施工质量应符合下列要求：

1 锚孔内胶黏剂应饱满，不应有未固结现象。

2 植入钢筋不应有松动，表面不应有损伤，钢筋不应弯曲 90° 以上。

A.5.3 施工中应注意的问题包括：

1 严禁采用将胶黏剂直接涂抹在钢筋上植入孔中的植筋方式。

2 废孔处理：施工中钻出的废孔，应采用高于构件混凝土一个强度等级的水泥砂浆、聚合物水泥砂浆或锚固胶黏剂进行填实，必要时应插入钢筋。

附录 B 锚栓计算及施工方法

B.1 设计规定

B.1.1 本附录适用于混凝土桥梁的主要承重构件的锚固,不适合于严重分化的混凝土桥梁。

B.1.2 混凝土桥梁采用锚栓加固时,主要承重构件混凝土强度等级不应低于C30;对一般构件不应低于C20。

B.1.3 桥梁承重构件的锚栓,应采用有机械键效应的后扩底锚栓,也可采用适应开裂混凝土性能的定型化学锚栓。当采用定型化学锚栓时,其有效锚固深度:对承受拉力的锚栓,不应小于 $8.0d_0$(d_0 为锚栓公称直径);对承受剪力的锚栓,不应小于 $6.5d_0$。

B.1.4 不应采用膨胀型锚栓作为桥梁主要承重构件的连接件。

B.1.5 锚栓连接的设计计算,应采用开裂混凝土的假定;不应考虑非开裂混凝土对承载力的提高作用。

B.1.6 锚栓的受力分析应符合《混凝土结构加固设计规范》(GB 50367—2013)的规定。

B.2 锚栓钢材承载力验算

B.2.1 锚栓钢材的承载力验算,应按锚栓受拉、受剪及同时受拉剪作用三种受力情况分别进行。

B.2.2 锚栓钢材受拉承载力设计值,应符合下列要求:

$$N_t^a = f_{ud,t} A_s \tag{B.2.2}$$

式中:N_t^a——锚栓钢材受拉承载力设计值;

$f_{ud,t}$——锚栓钢材用于抗拉计算的强度设计值,须按本指南第 B.2.3 条的规定采用;

A_s——锚栓有效截面面积。

B.2.3 碳钢、合金钢及不锈钢锚栓的钢材强度设计指标,应符合表 B.2.3-1 和表 B.2.3-2 的规定。

表 B.2.3-1 碳钢及合金钢锚栓钢材强度设计指标

性能等级		4.8	5.8	6.8	8.8
锚栓强度设计值(MPa)	用于抗拉计算	250	310	370	490
	用于抗剪计算	150	180	220	290
注:锚栓受拉弹性模量 E_s 取 $2.0×10^5$ MPa。					

表 B.2.3-2 不锈钢锚栓钢材强度设计指标

性能等级		50	70	80
螺纹直径(mm)		≤32	≤24	≤24
锚栓强度设计值(MPa)	用于抗拉计算	175	370	500
	用于抗剪计算	105	225	300

B.2.4 锚栓钢材受剪承载力设计值,应按照无杠杆臂和有杠杆臂两种情况(图 B.2.4)进行计算。

1 无杠杆臂受剪

$$V^a = f_{ud,t} A_s \tag{B.2.4-1}$$

2 有杠杆臂受剪

$$V^a = 1.2 W_{el} f_{ud,t} \left(1 - \frac{\sigma}{f_{ud,t}}\right) \frac{\alpha_m}{l_0} \tag{B.2.4-2}$$

式中：V^a——锚栓钢材受剪承载力设计值；

A_s——锚栓的有效截面面积；

W_{el}——锚栓截面抵抗矩；

σ——被验算锚栓承受的轴向拉应力，其值按 N/A_s 确定，N 为轴向拉力；

α_m——约束系数，对图 B.2.4a)，取 $\alpha_m=1$；对图 B.2.4b)，取 $\alpha_m=2$；

l_0——杠杆臂计算长度。当基材表面有压紧的螺帽时，取 $l_0=l$；当无压紧螺帽时，取 $l_0=l+0.5d$。

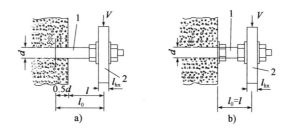

图 B.2.4 锚栓杠杆臂计算长度的确定

1-锚栓；2-固定件

B.3 基材混凝土承载力验算

基材混凝土的承载力验算，应考虑三种破坏模式：混凝土呈锥形受拉破坏、混凝土边缘呈楔形受剪破坏以及同时受拉剪作用破坏。具体计算可按《混凝土结构加固设计规范》(GB 50367—2013)的方法执行。

B.4 构造规定

B.4.1 桥梁混凝土构件的最小厚度不应小于 100mm。

B.4.2 桥梁主要承重结构用锚栓，其公称直径不应小于 12mm；按构造要求确定的锚栓深度不应小于 80mm 且不应小于混凝土保护层厚度。

B.4.3 锚栓的最小边距 D_{min}、临界边距 $D_{Dr,N}$ 和群锚最小间距 S_{min}、临界间距 $S_{Dr,N}$ 应符合表 B.4.3 的规定。

表 B.4.3 锚栓间距和边距的要求

D_{min}	$D_{Dr,N}$	S_{min}	$S_{Dr,N}$
$\geqslant 0.8 h_{ef}$	$\geqslant 1.5 h_{ef}$	$\geqslant 1.0 h_{ef}$	$\geqslant 3.0 h_{ef}$
注：h_{ef} 为锚栓的有效锚固长度，按定型产品说明书中的推荐值取用。			

B.4.4 锚栓防腐蚀标准应高于桥梁本身的防腐蚀要求。

B.5 施工方法

B.5.1 用于桥梁构件加固的锚栓通常有机械型锚栓、注射式化学锚栓及管式化学锚栓三种,其施工工艺流程见图 B.5.1-1～图 B.5.1-3。

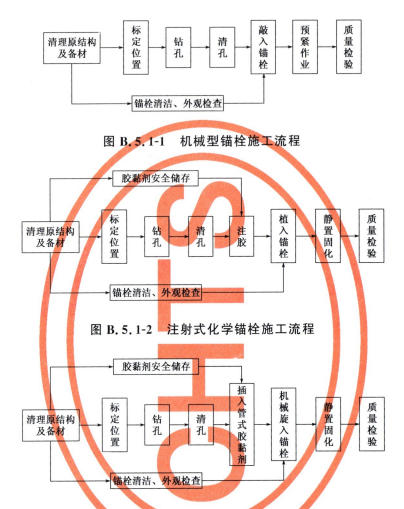

图 B.5.1-1 机械型锚栓施工流程

图 B.5.1-2 注射式化学锚栓施工流程

图 B.5.1-3 管式化学锚栓施工流程

B.5.2 锚孔的定位与钻孔可按本指南附录 A 的相关要求执行,锚孔直径与孔深应和锚栓的要求相适应。

B.5.3 锚孔的清理应符合下列规定:

1 对机械型锚栓的锚孔,应用洁净的压缩空气清除孔内粉屑;对化学锚栓的锚孔,应先用硬毛刷清孔,再用洁净的压缩空气清除粉屑。

2 清孔的次数不应少于 3 次;必要时应用丙酮擦拭干净锚孔。

3 孔壁应无油污,其干燥程度应达到设计要求。

4 锚固的基材表面应光滑平整,无粉尘、碎屑。

B.5.4 机械型锚栓的安装应符合下列规定:

1 自切底、切底锚栓应采用专用工具进行安装。

2 安装就位后,其套筒顶端至混凝土表面的距离应约为1mm。

B.5.5 化学型锚栓的安装应符合下列规定:

1 注射式化学锚栓的安装:应将注射管插入孔底,由孔底往外均匀注入胶黏剂至孔深的2/3;以孔口有胶黏剂溢出作为目测检验注胶合格的标志。

2 玻璃管式化学锚栓的安装:应将玻璃管插入锚孔,用电锤以低速(<750 r/min)将螺杆旋入至锚固深度,目测有少量胶黏剂外溢为合格。

3 化学锚栓在固化时间内严禁扰动,以免影响其黏结性能。

B.6 施工质量检验

B.6.1 锚固质量应满足设计要求,当设计无要求时,应满足表B.6.1的要求。

表 B.6.1 锚栓施工允许误差

锚栓种类	预紧力	锚固深度(mm)	位移(mm)
扭矩控制式膨胀型锚栓	+15%	0,+5	—
扭矩控制式扩孔型锚栓	+15%	0,+5	—
位移控制式膨胀型锚栓	+15%	0,+5	0,+2

B.6.2 化学锚栓的胶黏剂的性能应符合本指南第4章的有关规定。

B.6.3 锚栓施工应注意的问题包括:

1 机械型锚栓和化学锚栓应整套使用,不应替换任何部件。

2 废孔按本指南附录A第A.5.3条的方法处理。

附录 C 施工验收记录文件

C.0.1 体外预应力加固混凝土桥梁的植筋施工、混凝土锚固块和转向块施工、钢制转向块及集束转向器安装、体外预应力钢筋安装与定位、体外预应力钢筋张拉、体外预应力钢筋防护与减振器施工等各项验收内容,可按表 C.0.1-1～表 C.0.1-6 进行记录。

表 C.0.1-1 植筋施工验收记录表

承包人:		工程名称:		合同号:													
监理人:		桩号及部位:		编号:													
项次	检查项目	规定值或允许偏差	各点实测值或偏差值														
			1	2	3	4	5	6	7	8	9	10	11	12	13	14	15
1	锚固深度(mm)	≥设计值															
2	植筋间距(mm)	设计值±5%															
3	植筋抗拔力(kN)	直径12mm时,≥30															
		直径16mm时,≥50															
4	钻孔位置	设计值±5%															
5	钻孔直径(mm)	+2,-1															
6	钻孔垂直度(°)	3															
检测人:		技术负责人:		监理工程师:					日期:				年		月		日
注:植筋抗拔力为植筋效果的破坏性检验试验,一般不在桥梁结构上进行。																	

表 C.0.1-2 混凝土锚固块和转向块施工验收记录表

承包人:			工程名称:		合同号:													
监理人:			桩号及部位:		编号:													
项次	检查项目		单位	规定值或允许偏差	各点实测值或偏差值													
					1	2	3	4	5	6	7	8	9	10	11	12	13	14	15
1	混凝土抗压强度		MPa	在合格标准内															
2	预留管道	梁长方向	mm	±30															
		梁高方向		±10															
3	管道间距	同排	mm	10															
		上下层	mm	10															
4	断面尺寸	长	mm	±10,0															
		宽		±10,0															
		高		±10,-5															
5	剪力槽	长	mm	±5															
		宽		±5,0															
6	新旧混凝土界面处理		粗糙度	符合规范要求															
检测人:			技术负责人:		监理工程师:					日期:			年		月		日	

T/CHTS 10015—2019

表 C.0.1-3 钢制转向块及集束转向器安装验收记录表

承包人：		工程名称：		合同号：													
监理人：		桩号及部位：		编　号：													
项次	检查项目	检查项目	检验频率和方法	规定值或允许偏差	各点实测值或偏差值												
					1	2	3	4	5	6	7	8	9	10	11	12	13	14	15
1	钢转向块制作	钢板长度	尺量抽查，每块	±2mm															
		钢板宽度		－0.5mm															
		倒角处尺寸		－0.5mm															
		对角线长度		±1mm															
		孔中心距离		±1mm															
		焊缝尺寸及外观	对接焊缝X射线实时成像检测法：每块	符合设计要求															
		防腐涂装	漆膜厚度仪	符合设计要求															
2	钢转向块及集束转向器	钢混基础面缝隙差	尺量缝宽：测每边两端端头	3～5mm															
		螺栓连接紧密型	扭力扳手测，抽查30％	≥120N·m															
		集束转向器线形	尺量、目测：每根	符合设计要求															
		转向器焊接质量	目测：每根	符合设计要求															
		安装位置	尺量缝宽：测每边两端端头	符合设计要求															
检测人：		技术负责人：		监理工程师：					日期：					年　　月　　日					

表 C.0.1-4 体外预应力钢筋的安装与定位验收记录表

承包人：			工程名称：		合同号：													
监理人：			桩号及部位：		编　号：													
	项次	检查项目		规定值或允许偏差	实测值或实测偏差值													
					1	2	3	4	5	6	7	8	9	10	11	12	13	14	15
实测项目	1	管道坐标（mm）	梁长方向	±30															
			梁高方向	±10															
	2	管道间距（mm）	同排	10															
			上下层	10															
	3	张拉应力值		符合设计要求															
	4	张拉伸长率		±6％															
	5	断丝、滑丝数	钢束	每束1根且每断面不超过钢丝总数的1％															
			钢筋	不允许															
		合计																	
检测人：		技术负责人：		监理工程师：					日期：					年　　月　　日					

表 C.0.1-5 体外预应力钢筋的张拉记录与质量验收记录表

承包人:			工程名称:				合同号:					
监理人:			桩号及部位:				编 号:					

千斤顶编号		油表编号		标定日期			张拉示意图					
构件名称		构件编号		张拉时混凝土强度(MPa)								
预应力参数	编号											
	设计张拉力(kN)											
	计算伸长量(mm)											

钢束编号	张拉断面	千斤顶编号	%初张拉力			%张拉力			%张拉力			回缩量(mm)	总伸长量(mm)	伸长率(%)
			油表读数(MPa)	张拉力(kN)	伸长量(mm)	油表读数(MPa)	张拉力(kN)	伸长量(mm)	油表读数(MPa)	张拉力(kN)	伸长量(mm)			

检测人:	技术负责人:	监理工程师:	日期: 年 月 日

表 C.0.1-6 体外预应力钢筋的防护与减振器施工验收记录表

承包人：			所属分部工程名称：		合同号：												
监理人：			桩号及部位：		编　号：												

	项次	检查项目		规定值或允许偏差	检验频率和方法	实测值或实测偏差值														
						1	2	3	4	5	6	7	8	9	10	11	12	13	14	15
实测项目	1	减振器钢板（索夹）加工及安装	钢板长度	±2mm	尺量抽查，每块															
			钢板宽度	−0.5mm																
			倒角处尺寸	−0.5mm																
			对角线长度	±1mm																
			孔中心距离	±1mm																
			焊缝尺寸及外观	符合设计要求	对接焊缝X射线实时成像检测法：每块															
			减振器钢板焊接及螺栓连接质量	符合设计要求	目测															
	2	锚头防护罩安装	基本尺寸	±1mm	尺量抽查，每个															
			螺栓孔对位	符合设计要求	目测：每个															
			灌注料填充	符合设计要求	开罩检查															

检测人：	技术负责人：	监理工程师：	日期：	年　月　日

用 词 说 明

1 本指南执行严格程度的用词,采用下列写法:

1) 表示严格,在正常情况下均应这样做的用词,正面词采用"应",反面词采用"不应"或"不得"。

2) 表示允许稍有选择,在条件许可时首先应这样做的用词,正面词采用"宜",反面词采用"不宜"。

3) 表示有选择,在一定条件下可以这样做的用词,采用"可"。

2 引用标准的用语采用下列写法:

1) 在标准条文及其他规定中,当引用的标准为国家标准或行业标准时,应表述为"应符合《××××××》(×××)的有关规定"。

2) 当引用标准中的其他规定时,应表述为"应符合本指南第×章的有关规定""应符合本指南第×.×节的有关规定""应按本指南第×.×.×条的有关规定执行"。